Le manuel malthusien

conçu pour inciter les personnes mariées à limiter leur famille selon leurs moyens.

Anonyme

Writat

Cette édition parue en 2023

ISBN : 9789359251523

Publié par
Writat
email : info@writat.com

Contenu

Introduction.

Dans tout État civilisé , le problème de la pauvreté exige une solution. Dans certains pays européens, elle a parfois pris localement une forme critique et menaçante, menaçant les fondements mêmes sur lesquels repose la société. Les révolutions sont nées du fait que les gens avaient besoin de nourriture et ne pouvaient pas l'obtenir ; et, même dans notre propre pays « hautement favorisé », les hommes honnêtes et travailleurs sont souvent poussés au désespoir parce qu'ils ne peuvent trouver ni travail ni nourriture.

Toutefois, les épidémies et les manifestations occasionnelles ne constituent en aucun cas la véritable mesure de la pauvreté nationale. Sous la surface scintillante de la société se cache une masse bouillonnante de besoin et de misère. Les victimes souffrent en silence et ne font aucun signe, mais leur existence constitue un danger permanent pour le bien-être général. Dans d'innombrables cas, la misère est à l'origine du crime et de la prostitution, avec leur chaîne de conséquences désastreuses ; la surpopulation, la quasi-famine et la misère sont les sources fécondes de maladies qui n'hésitent pas à sortir de leur lieu de naissance et à infecter les foyers des riches. La société moderne peut être comparée à juste titre à un magnifique palais élevé dans un marécage miasmatique, qui remplit l'air de ses exhalaisons mortelles. Aucun artifice astucieux des constructeurs ou des ingénieurs ne peut assurer une protection dans un tel cas. De la même manière, la société ne peut espérer échapper aux influences qui conduisent à la corruption et à la dissolution ultime tant qu'elle laisse la pauvreté subsister en son sein.

Il est en effet inutile d'insister sur les maux et les dangers nationaux découlant de la pauvreté ; car ils sont admis de toutes parts. Le problème est le suivant : *comment abolir la pauvreté ?* Sur ce point essentiel, les opinions diffèrent considérablement. Le mal est si complexe et présente de multiples facettes que les observateurs risquent d'être induits en erreur par une vision partielle des symptômes. Par exemple, un abstinent total, concentrant son attention sur des cas dans lesquels la pauvreté a été provoquée par une consommation excessive de boissons alcoolisées, insiste sur le fait que la boisson est la « cause de la pauvreté ». Le socialiste demande : « Pourquoi tant de gens sont-ils pauvres ? et répond que le remède consiste dans la nationalisation de la terre et des instruments de production, dans l'abolition de la concurrence, etc. D'autres attribuent l'existence de la pauvreté à l'oisiveté ou au manque d'économie des ouvriers. Mais en aucun cas la cause alléguée n'est égale à l'effet palpable ; et il est nécessaire d'étendre l'enquête dans une autre direction si l'on veut découvrir la cause qui, par-dessus et par-dessus toutes les autres, produit le besoin et la misère que chacun désire éliminer.

Le but de ce petit ouvrage est d'abord de montrer qu'un *accroissement excessif de la population* est la source d'où proviennent ces maux. En second lieu, nous expliquerons les moyens par lesquels la population peut être maintenue sous contrôle, car il est inutile d'avertir les gens d'un danger s'ils restent dans l'ignorance des moyens par lesquels il peut être évité. C'est avant tout aux *pauvres* que cette connaissance doit être transmise, car, comme nous le montrerons dans les pages suivantes, la classe indigente se multiplie bien plus rapidement que la classe aisée, et c'est sur elle-même que se répercute la misère qui en résulte. tombe forcément.

L'expérience enseigne que presque tous les maux qui affligent l'humanité peuvent être évités par une étude minutieuse de la nature et par une conduite basée sur le respect des lois naturelles. Dans les ténèbres de l'ignorance, les hommes doivent tomber dans de nombreux pièges ; mais à la claire lumière de la raison et de la connaissance, ils peuvent discerner le chemin qui mène à la liberté et au bonheur.

CHAPITRE I.

Malthus et la loi de la population.

Si l'on veut découvrir un remède à un mal reconnu, il faut nécessairement commencer par en déterminer la *cause* . Tous les projets visant à atténuer les *effets* de la pauvreté doivent, à long terme, se solder par un échec, aussi ambitieuses que soient les entreprises de ceux qui s'engagent dans ce travail futile. Le capitaine d'un navire en perdition ne se limite pas aux pompes, il cherche sans tarder à arrêter l'afflux d'eau. Et lorsqu'on aborde la question de la pauvreté, il est essentiel d'en découvrir les causes profondes avant de pouvoir raisonnablement espérer parvenir à une solution au problème.

Une enquête sur les faits naturels montrera que toutes les formes de vie végétale et animale sont capables de se reproduire avec une profusion presque illimitée. Darwin, dans son ouvrage sur *L'Origine des espèces* , le souligne avec la plus grande clarté. Il dit : « Il n'y a aucune exception à la règle selon laquelle tout être organique croît naturellement à un rythme si élevé que, s'il n'était pas détruit, la terre serait bientôt recouverte de la progéniture d'un seul couple. Même l'homme qui se reproduit lentement a doublé en vingt-cinq ans ; et à ce rythme-là, dans quelques milliers d'années, il n'y aurait littéralement plus de place pour sa progéniture. Linné a calculé que si une plante annuelle ne produisait que deux graines (et il n'y a aucune plante aussi improductive que celle-ci) et que ses plants l'année suivante en produisaient deux, et ainsi de suite, alors dans vingt ans il y aurait un million de plantes. Après avoir donné l'exemple de l'éléphant à reproduction lente, il poursuit : « Les preuves encore plus frappantes sont celles de nos animaux domestiques de toutes sortes qui ont couru à l'état sauvage dans de nombreuses régions du monde ; Si les déclarations sur le taux d'augmentation du bétail et des chevaux à reproduction lente en Amérique du Sud, et plus récemment en Australie, n'avaient pas été bien authentifiées, elles auraient été incroyables. Il en va de même pour les plantes : on pourrait citer des cas de plantes introduites qui sont devenues communes dans des îles entières en moins de dix ans. Plusieurs des plantes, telles que le cardon et le grand chardon, qui sont aujourd'hui les plus nombreuses dans les plaines sauvages de La Plata, couvrant des lieues carrées de surface presque à l'exclusion de toutes les autres plantes, ont été introduites d'Europe ; et il y a des plantes qui se trouvent maintenant en Inde, comme me l'a dit le Dr Falconer, depuis le Cap Comorin jusqu'à l'Himalaya, qui ont été importées d'Amérique depuis leur découverte. Dans de tels cas, et on pourrait en citer une infinité d'exemples, personne ne suppose que la fertilité de ces animaux ou plantes ait été soudainement et temporairement augmentée à un degré raisonnable. L'explication évidente est que les conditions de vie ont été très favorables, qu'il y a eu par conséquent moins de destructions de vieux et de jeunes, et que presque tous les jeunes ont pu se reproduire. Dans de tels cas, le rythme géométrique de l'augmentation, dont le résultat ne manque jamais de surprendre, explique simplement l'augmentation extraordinairement rapide et la large diffusion des productions naturalisées dans leurs nouveaux foyers. Dans l'état de nature, presque toutes les plantes produisent des graines, et parmi les animaux, il y en a très peu qui ne s'accouplent pas chaque année. Nous pouvons donc affirmer avec certitude que toutes les plantes et tous les animaux tendent à croître selon un rapport géométrique ; que tous approvisionneraient le plus rapidement possible chaque station dans laquelle ils pourraient exister de toute façon, et que la *tendance géométrique* à l'augmentation doit être stoppée par la destruction à une certaine période de la vie.

C'est l'observation de ce fait frappant dans la nature qui a conduit un ecclésiastique anglais, le révérend Thomas B. Malthus, à étudier en profondeur la question de la pauvreté et à formuler comme « principe de population » ce qui est maintenant presque universellement considéré comme une *loi* de la nature. Avant qu'il publie son grand ouvrage, l'opinion était généralement admise que la richesse d'un pays était proportionnelle à sa population ; et les hommes d'État tentèrent fréquemment de stimuler, en distribuant des primes aux parents de familles trop nombreuses, le taux naturel d'accroissement. Quelques hommes clairvoyants, tels que Mirabeau aîné, Quesnay et Adam Smith, percevèrent en partie la vraie doctrine ; mais il restait à Malthus d'examiner la question sous toutes ses coutures et de rassembler patiemment et laborieusement un ensemble écrasant de faits qui établissaient sa thèse au-delà de tout doute raisonnable. Il conviendra ici de rendre compte de cet homme remarquable et de l'œuvre à laquelle son nom est indissolublement associé.

Thomas Robert Malthus est né à Dorking, Surrey, en 1766. À l'âge de trente et un ans, il devient membre du Jesus College de Cambridge et prend peu après les ordres, officiant dans un petit village du Surrey.

Dans les dernières années du XVIIIe siècle, les esprits des Anglais furent puissamment influencés par le grand bouleversement social qui se produisait en France, et les opinions politiques de ce pays entrèrent dans une nouvelle phase. Les droits de l'homme commençaient à être considérés comme quelque chose de plus qu'une expression, et le désir généreux de promouvoir le bien-être du peuple remplaçait progressivement l'indifférence égoïste. Condorcet en France et William Godwin en Angleterre ont promulgué l'idée que le bonheur de l'humanité dépendait principalement de la justice des institutions politiques et que le bien-être national pouvait être indéfiniment favorisé par un gouvernement juste. Daniel Malthus (le père de Thomas Robert), un homme au tempérament sanguin et romantique, épousa chaleureusement les idées avancées par Godwin et discuta fréquemment du sujet avec son fils. Le jeune homme, cependant, ne partageait en aucun cas l'enthousiasme paternel et, suivant les lignes suggérées par Hume, Adam Smith et d'autres écrivains, il affirmait que le vice et la misère étaient deux obstacles puissants à l'amélioration de la société, et il exhortait en outre , que la tendance de l'humanité à croître plus rapidement que les moyens de subsistance a donné naissance à ces maux. Ses arguments marquèrent profondément l'esprit de Daniel Malthus, qui demanda à son fils de les mettre par écrit. C'est ce qui fut fait et, en 1798, TR Malthus publia la première édition de son ouvrage : *Essai sur le principe de population, tel qu'il affecte l'amélioration future de la société ; avec des remarques sur les spéculations de M. Godwin, M. Condorcet et d'autres écrivains* . (Londres : 1798. Un volume.)

Ce livre a suscité une vive polémique, les théories et les conclusions de l'écrivain étant attaquées et défendues par divers auteurs. Le grand intérêt suscité par son essai poussa Malthus à enquêter encore plus profondément sur les phénomènes de pauvreté, et il résolut de voyager à travers l'Europe dans le but de recueillir des faits relatifs à ce sujet. En 1799, il visita le continent, passant par le Danemark, la Suède et une partie de la Russie, puis la Suisse et la Savoie. Les résultats de ses recherches ont fourni une preuve accablante de l'exactitude de sa thèse ; et en 1803, il publia une deuxième édition très augmentée de son *Essai* , en deux volumes. Durant le reste de sa vie, Malthus édita trois fois de nouvelles éditions de son œuvre, qui reste à ce jour le plus grand monument de sa honorable carrière. Il décède le 29 décembre 1834.

Il n'est pas prévu ici de donner une analyse exhaustive du *principe de population de Malthus* . 1 Nous nous intéressons uniquement à sa théorie de la population et aux conclusions auxquelles cette théorie pointe. « L'objet principal de cet essai, dit l'auteur, est d'examiner les effets d'une grande cause intimement liée à la nature même de l'homme, qui, bien qu'elle ait été constamment et puissamment à l'œuvre depuis le commencement de la société, a été peu remarqué par les écrivains qui ont traité ce sujet. La cause à laquelle je fais allusion est la tendance constante de toute vie animée à s'accroître au-delà de la nourriture préparée pour elle.

« Dr. Franklin a observé qu'il n'y a pas de limite à la nature prolifique des plantes ou des animaux, mais à ce qui résulte de leur regroupement et de l'interférence avec les moyens de subsistance de chacun. Si la surface de la terre, dit-il, était vide d'autres plantes, elle pourrait être graduellement semée et recouverte d'une seule espèce, comme, par exemple, le fenouil ; et s'il était vide d'autres habitants, il pourrait en quelques siècles être reconstitué par une seule nation, comme, par exemple, par les Anglais.

«C'est incontestablement vrai. À travers les règnes animal et végétal, la nature a répandu les graines de la vie de la main la plus abondante et la plus libérale ; mais il a été relativement économe en matière de chambre et de nourriture nécessaire pour les élever. Les germes d'existence contenus dans cette terre, s'ils pouvaient se développer librement, rempliraient des millions de mondes en quelques milliers d'années. La nécessité, cette loi impérieuse et omniprésente de la nature, les retient dans les limites prescrites. La race des plantes et la race des animaux diminuent sous cette grande loi restrictive, et l'homme ne peut, par aucun effort de la raison, y échapper.

les animaux irrationnels, la vision du sujet est simple. Ils sont tous poussés par un puissant instinct de croissance de leur espèce, et cet instinct n'est interrompu par aucun doute quant à la nécessité de subvenir aux besoins de leur progéniture. Partout donc où règne la liberté, le pouvoir d'accroissement s'exerce ; et les effets surabondants sont ensuite réprimés par le manque d'espace et de nourriture.

Malthus apporte ensuite la preuve de l'augmentation extrêmement rapide de la population humaine dans des conditions dans lesquelles la nourriture est abondante et facile à obtenir. Il calcule que la population, si rien n'est contrôlé, continue de doubler tous les vingt-cinq ans, ou augmente selon un rapport géométrique. Mais il souligne que l'approvisionnement alimentaire ne peut en aucun cas être augmenté avec la même facilité. Même s'il était possible en vingt-cinq ans de doubler la quantité produite, il n'y a aucune raison de supposer que l'opération puisse être répétée au cours des vingt-cinq années suivantes. À mesure que la demande de nourriture augmenterait, des sols moins fertiles seraient mis en culture, et les ajouts qui pourraient être apportés à l'ancienne production moyenne diminueraient progressivement et régulièrement. Malthus fait alors le calcul suivant :

« Supposons que les augmentations annuelles qui pourraient être faites à l'ancienne production moyenne, au lieu de diminuer, ce qu'elles feraient certainement, devaient rester les mêmes ; et que le produit de cette île pourrait être augmenté tous les vingt-cinq ans, d'une quantité égale à ce qu'elle produit actuellement. Le spéculateur le plus enthousiaste ne peut pas supposer une augmentation plus importante. Dans quelques siècles, chaque acre de l'île serait transformé en jardin.

« Si cette supposition était appliquée à la terre entière, et si l'on admettait que la subsistance de l'homme, que la terre offre, puisse être augmentée tous les vingt-cinq ans d'une quantité égale à ce qu'elle produit actuellement, ce serait supposer un taux d'augmentation bien supérieur à ce que nous pouvons imaginer que tous les efforts possibles de l'humanité pourraient atteindre.

« On peut donc affirmer à juste titre que, compte tenu de l'état moyen actuel de la terre, les moyens de subsistance, dans les circonstances les plus favorables à l'industrie humaine, ne pourraient pas augmenter plus rapidement que dans un rapport arithmétique.

« Les effets nécessaires de ces deux taux d'augmentation différents, une fois réunis, seront très frappants. Appelons la population de cette île 11 millions (écrit M. Malthus en 1806), et supposons que le produit actuel soit égal au soutien facile d'un tel nombre. Dans les vingt-cinq premières années, la population serait de 22 millions, et la nourriture étant également doublée, les moyens de subsistance seraient à la hauteur de cet accroissement. Dans les vingt-cinq prochaines années, la population serait de 44 millions d'habitants, et les moyens de subsistance n'atteindraient que 33 millions d'habitants. Dans la période suivante, la population serait de 88 millions d'habitants, et les moyens de subsistance seraient à peine égaux à la moitié de ce chiffre. Et à la fin du premier siècle, la population serait de 176 000 000 d'habitants, et les moyens de subsistance n'équivaudraient qu'à la subsistance de 55 000 000 d'habitants, laissant une population de 121 000 000 d'habitants totalement dépourvue de moyens de subsistance.

Voyons maintenant comment ce formidable pouvoir d'accroissement *possible* de la race humaine a été maîtrisé.

Les freins *positifs (c'est-à-dire* les freins qui ont opéré par l'action des lois naturelles) contre un accroissement excessif de la population comprennent la mort prématurée d'enfants et d'adultes par la maladie, la famine, la guerre et l'infanticide. La nature a une manière brève et précise de gérer ses enfants superflus. Chez les tribus sauvages, les contrôles positifs seuls sont mis en œuvre. Les pages de l'histoire humaine regorgent de récits tragiques de famines décimant les malheureuses victimes de la surpopulation ; de la peste qui parcourt le pays, tuant des dizaines de milliers de personnes ; de guerres dévastant les pays et accablant les habitants dans la ruine, la misère et la mort. Dans certaines régions du monde, les affres de la faim ont détruit chez les hommes et les femmes l'instinct primordial de l'amour parental ; et, dans le cinquième chapitre de son ouvrage, Malthus montre comment, dans les îles des mers du Sud, où l'expansion possible de la population était extrêmement faible, les habitants ont largement eu recours à l'effroyable expédient de l'infanticide pour freiner leur accroissement naturel. Cependant, même à cette époque, la pression sur les moyens de subsistance était si grande que la nourriture se faisait rare à certaines saisons de l'année et que des guerres destructrices s'ensuivaient. Le capitaine Vancouver, visitant Otaheite pour la deuxième fois en 1791, constata que la plupart des indigènes qu'il avait connus quatorze ans auparavant avaient péri au combat.

Au cours de nombreux exemples des effets de la surpopulation sur la condition des masses dans divers pays, Malthus donne un exemple frappant de la misère épouvantable à laquelle même les travailleurs industrieux étaient réduits dans une Chine densément peuplée. Il cite les paroles d'un missionnaire jésuite, qui affirmait qu'un Chinois « passe des journées entières à creuser la terre, parfois jusqu'aux genoux dans l'eau, et le soir il est heureux de manger une petite cuillerée de riz et de boire le eau fade dans laquelle on le fait bouillir. C'est évidemment une exagération, puisqu'il serait impossible de maintenir la vie dans de telles conditions ; mais cela sert à montrer l'état déplorable dans lequel les ouvriers peuvent être réduits par une population excessive.

Il n'est pas nécessaire ici de suivre Malthus dans son étude exhaustive de la situation des nations touchées par la surpopulation à différentes étapes de l'histoire du monde. Notre propos est plutôt de fournir une indication du principe que de reproduire en détail les observations sur lesquelles il se fonde. La formule la plus concise dans laquelle la théorie de Malthus a été exprimée est la suivante : « *Cette population a une tendance constante à s'accroître au-delà des moyens de subsistance.* »

---

1 Cela a déjà été admirablement fait dans deux brochures du Dr CR Drysdale, président de la Ligue Malthusienne : (1) *La vie et les écrits de Malthus* ; (2) *La question démographique* . ↑

CHAPITRE II.

Le remède : ancien et nouveau.

Le principe énoncé à la fin du chapitre précédent étant posé, la question se pose : comment prévenir les maux provoqués par la tendance constante à la surpopulation ? La méthode proposée par M. Malthus consistait à substituer le *contrôle prudentiel* (ou de restriction des naissances) au contrôle *positif* (ou destructeur de vies). Il considérait le mariage tardif et le célibat comme les moyens les plus moraux de contenir la population. Il a exhorté les hommes à attendre d'être en mesure de subvenir aux besoins d'une famille avant d'assumer les responsabilités découlant du mariage. Il dit : « Notre obligation de ne pas nous marier avant d'avoir de bonnes chances de pouvoir subvenir aux besoins de nos enfants semblera mériter l'attention du moraliste, s'il peut être prouvé que l'attention portée à ces obligations est plus efficace dans la prévention. de misère que toutes les autres vertus réunies ; et que si, en violation de ce devoir, c'était la coutume générale de suivre la première impulsion de la nature et de se marier à l'âge de la puberté, la prédominance universelle de toutes les vertus connues au plus haut degré imaginable ne parviendrait pas à sauver la société de la état de misère le plus misérable et le plus déplorable, et toutes les maladies et famines qui l'accompagnent habituellement.

C'était donc là le contrôle prudentiel préconisé par Malthus ; mais depuis son temps on s'est aperçu que son remède est à lui seul la cause de maux à peine moins terribles que ceux qu'il était destiné à éloigner. De plus, c'est une solution qui, dans la grande majorité des cas, ne pourrait pas être mise en pratique ; car cela suppose un pouvoir de contrôle mental sur la passion sexuelle qui existe chez un nombre relativement restreint d'individus.

Les maux physiologiques résultant du célibat et, à un moindre degré, de l'abstention prolongée du mariage, sont des plus désastreux. Le célibat est nécessairement une condition de privation et de souffrance, puisqu'il implique la suppression délibérée et incessante de l'instinct le plus puissant de l'humanité. Les joies pures et élevées de la vie conjugale et familiale sont exclues et l'existence est privée de ses aspects les plus délicieux. Le plaisir désintéressé de promouvoir le bonheur d'une femme et de ses enfants aimés est refusé au célibataire morbide et sombre, voué à une existence solitaire et sans joie. Et même lorsque le célibat permanent n'est pas envisagé, le mariage peut être différé jusqu'à ce que l'épanouissement et l'éclat de la vie disparaissent à jamais , jusqu'à ce que le retard et la déception aient aigri l'humeur et étouffé la fontaine d'affection.

Le Dr Bertillon, de Paris, a prouvé de manière concluante, par des statistiques provenant de France, de Hollande et de Belgique, que les personnes mariées, surtout les hommes, vivent beaucoup plus longtemps que les célibataires et sont moins sujettes à devenir folles, criminelles ou vicieuses. Il a été démontré que le mariage réduit de près de moitié le risque de folie. En ce qui concerne les effets du célibat sur les individus, le Dr Holmes Coote aurait déclaré dans le *Lancet* : « Il ne fait aucun doute que l'incontinence est un grand péché ; mais les maux liés à la continence produisent une misère bien plus grande pour la société. N'importe quelle personne ayant fait l'expérience des services d'un asile d'aliénés pourrait en témoigner.»

Outre les maux personnels découlant du célibat, il faut se rappeler que le mariage tardif encourage directement *la prostitution* , la tache la plus hideuse de notre état social. Malthus, en effet, insistait beaucoup sur le *devoir* de chasteté alors que les jeunes hommes s'occupaient d'accumuler les moyens qui leur permettraient de se marier et d'élever une famille plus tard dans la vie. Il aurait tout aussi bien pu prêcher au tourbillon ou exhorter la tempête à modérer sa violence. Le pouvoir de retenue n'est donné qu'à peu d'hommes ; et, même lorsque cette retenue peut être exercée, cela ne se fait qu'au prix de beaucoup de souffrances et de préjudices physiques et moraux.

La dernière école de penseurs, tout en adoptant le principe formulé par Malthus, propose une méthode infiniment meilleure pour atteindre le but qu'il avait en vue. Ils prônent *le mariage précoce et les familles limitées* . Il n'est pas nécessaire que les jeunes gens et les jeunes femmes sacrifient la jeunesse et la fraîcheur de leur vie pour pouvoir se marier lorsque les ombres du soir s'allongent autour d'eux. Les bénédictions du confort domestique, de la compagnie intime et de l'amour familial leur sont ouvertes à midi, lorsque la possibilité de jouir est à son plus haut point. Mme Annie Besant dit : « Pour être en harmonie avec la nature, les hommes et les femmes devraient être maris et femmes, pères et mères, et jusqu'à ce que la nature évolue, un célibat sexuel neutre ne sera jamais une marque d'imperfection. être heureux et en bonne santé devrait recommander le mariage tardif comme remède aux maux sociaux qui nous entourent. Le mariage précoce est ce qu'il y a de mieux, tant physiquement que moralement ; il garde la pureté, adoucit les affections, entraîne le cœur et préserve la santé physique ; il enseigne la pensée pour les autres, la douceur et la maîtrise de soi ; cela rend les hommes plus doux et les femmes plus courageuses au contact de leurs natures différentes. Les enfants qui naissent de tels mariages, lorsqu'ils ne se succèdent pas trop rapidement, sont plus vigoureux et plus sains que ceux de parents d'âge moyen ; et dans le cours ordinaire de la nature, les parents de ces enfants vivent assez longtemps pour les voir faire leurs débuts dans la vie, pour les aider, les fortifier et les conseiller au début de leur carrière.

La science médicale a montré que la taille des familles est entièrement sous le contrôle des parents, pour peu qu'ils fassent preuve d'un degré raisonnable de prudence et de prévoyance. Un jeune couple peut désormais entrer dans l'état matrimonial sans hésitation : car le nombre de sa progéniture peut être réglé proportionnellement à ses moyens aussi sûrement qu'il peut déterminer le montant de ses dépenses en vêtements ou en articles de luxe.

Ainsi, les enseignements du malthusianisme, combinés au développement ultérieur de contrôles prudentiels innocents, ouvrent des possibilités illimitées pour l'amélioration des conditions sociales. Lorsque la loi de la population — une loi de la nature — est clairement comprise, il devient possible à l'homme, par l'exercice de sa raison, d'en contrôler le fonctionnement, tout comme il construit des digues pour protéger ses récoltes des inondations, ou détourne la foudre sans danger. dans le sol.

Voyons donc comment l'adoption générale du principe néo-malthusien du mariage précoce et des familles limitées affecterait le bien-être des individus et de la nation dans son ensemble.

La connaissance des contrôles prudentiels augmente énormément la possibilité de bonheur pour tout homme et toute femme dont les moyens sont « limités ». Le mariage cesse d'être une entreprise hasardeuse, qui peut entraîner des responsabilités terriblement disproportionnées par rapport à la possibilité d'y faire face. Le mari est soulagé de l'anxiété à l'idée que ses enfants puissent grandir tandis que sa capacité à subvenir convenablement à leurs besoins reste une quantité fixe, voire décroissante. La femme n'a plus à craindre le fardeau d'une grossesse continuelle et la servitude incessante des corvées domestiques. Dans quelle mesure l'ivresse qui existe parmi la classe ouvrière est due à l'inconfort d'une maison bondée et triste ! Le mari, lassé de sa journée de labeur, retourne dans son étroit logement pour retrouver sa femme, harcelée et aigrie par les petits soucis d'une famille nombreuse, au tempérament et à la langue acérés. Le tendre romantisme de la cour est dissipé par le cycle incessant de l'esclavage domestique, avec le besoin constant de « joindre les deux bouts », de s'arranger pour que chaque six pence fasse le travail d'un shilling. Et par-dessus tout plane la peur obsédante que la maladie ou la perte d'emploi puissent invalider le soutien de famille et que le loup de la faim, toujours en attente dehors, puisse montrer ses crocs à l'intérieur de la porte. Il n'y a pas lieu de s'étonner que, dans de nombreux cas, l'amoureux des jours les plus heureux devienne une mégère et une salope, ou que le mari épuisé par le travail s'enfuie vers les joies ruineuses du bar dans une vaine tentative d'échapper aux vexations qui l'entourent. dans sa « maison ».

Et qu'en est-il des enfants ? Ils sont à la fois la cause innocente et les victimes impuissantes de la misère qui les entoure. Le salaire qui permettrait de subvenir amplement aux besoins de deux ou trois personnes est insuffisant pour subvenir aux besoins de sept ou huit personnes, et leurs petits corps souffrent d'une nourriture insuffisante. La mère surchargée ne peut pas accorder à un si grand troupeau les soins affectueux et l'attention dont les enfants ont besoin pour leur bon développement physique et mental. Ainsi grandissent-ils (si tant est qu'ils survivent), affaiblis d'esprit et de constitution, transmettant à la génération suivante leurs propres défauts sous une forme aggravée.

C'est parmi les plus pauvres de nos semblables que nous voyons les horreurs de la surpopulation sous leurs aspects les plus déchirants. Dans les tribunaux et les ruelles sordides de nos grandes villes, le flot lugubre de la vie des enfants est constamment à son apogée. Les parents, ignorants et désespérés, insensibles à cause de leur contact quotidien avec la misère, « augmentent et se multiplient » instinctivement, comme le font les bêtes des champs. Parmi les pauvres, le taux de natalité est (en gros) deux fois plus élevé que celui des classes les plus riches. Il y a quelques années, le taux de natalité dans la riche ville de Kensington était de 20 pour 1 000 ; dans le quartier pauvre de Bethnal Green, il était de 40 pour 1 000. Cet état de choses déplorable n'est pas particulier à la Grande-Bretagne : il prévaut, avec de légères variations dans les détails, dans tous les pays dits civilisés .

Mais le taux de natalité ne raconte que la moitié de cette triste histoire : c'est le taux de *mortalité* qui complète la mesure des souffrances humaines causées par l'augmentation insensée de la population. Au cours de son discours devant l'Association des inspecteurs sanitaires en 1888, Sir Edwin Chadwick déclara que parmi la noblesse et les professionnels, les décès d'enfants de moins de cinq ans à Brighton représentaient 8,93 pour cent. du total des décès, tandis que parmi la classe salariée, ils formaient 45,44 pour cent. Il a également indiqué qu'à Brighton, l'âge moyen (ou moyen) au décès des salariés est de 28,8 ans ; pour les riches, c'est 63 ans. Le Dr Playfair a démontré que 18 pour cent. des enfants des classes supérieures, 36 pour cent. de ceux de la classe des commerçants, et 55 pour cent. de ceux des ouvriers meurent avant d'avoir atteint l'âge de cinq ans.

Nous voyons ici les douloureux contrôles *positifs* ou naturels de la population à l'œuvre parmi nous. La mort se tient debout avec son épée et frappe impitoyablement les vies superflues. Quelle plume peut décrire les souffrances effroyables indiquées par les chiffres donnés ci-dessus ? Les douleurs de l'accouchement de la mère : son agonie prolongée de chagrin alors qu'elle observe les ravages de la maladie sur le corps faible de son bébé mal nourri, mal vêtu et mal entretenu : la dernière scène effrayante où la mort libère de sa misère le enfant qui n'aurait jamais dû naître ! Cette sordide tragédie est répétée mille fois ; et le résultat de tout cela, ce sont cinq cents petits cercueils précipités en terre.

Et qu'en est-il de ceux qui survivent ? Ici et là, on peut s'élever au-dessus de ses semblables dans la lutte pour l'existence ; mais la grande majorité de ceux qui traversent la vallée de l'ombre de la mort se retrouvent dans une existence laborieuse et sans joie. Parmi les hommes, une partie dérivera vers le paupérisme ou le crime ; beaucoup de femmes seront poussées par le besoin au trafic honteux de la prostitution. Les honnêtes et travailleurs sont voués à une vie de labeur et de privations incessantes ; et avec leur nombreuse progéniture commencera un autre cycle de tragédie obscure.

De cette manière, la nation renouvelle toujours en elle les éléments de sa propre faiblesse et de son désespoir. La question des chômeurs est en fin de compte une question de surpopulation ; et les salaires sont réduits par la concurrence, les uns contre les autres, d'hommes désespérés cherchant du pain pour leurs femmes et leurs familles. Les syndicats et autres formes de coalition peuvent améliorer partiellement et temporairement la condition d'une partie des travailleurs ; mais à la longue, tout progrès en matière de confort est rattrapé et englouti par l'augmentation de la population stimulée par la prospérité.

Ainsi, à moins que les enseignements du nouveau malthusianisme ne soient généralement suivis, la pauvreté restera une caractéristique permanente de la société ; et, comme nous l'avons déjà dit, l'élément pauvreté constitue une menace constante pour la communauté dans son ensemble. La force d'une chaîne est celle de son maillon le plus faible. La richesse, le luxe et le raffinement de la société existent sur une durée fragile si l'on laisse le désespoir de la classe la plus pauvre dépasser une certaine limite. L'histoire nous a montré la civilisation de plusieurs siècles éteinte par des hordes de barbares, chassés par la faim de leurs terres stériles. A Paris, en période d'agitation révolutionnaire, le faubourg Saint-Antoine déverse ses milliers de spectres décharnés et en lambeaux pour faire la guerre à la société.

La prudence en matière de population apparaît donc comme le seul moyen de conserver les éléments les plus précieux et les plus progressistes de la société humaine. Dans ce pays comme dans d'autres pays, les apôtres de la nouvelle doctrine ont été confrontés aux préjugés transmis par les générations précédentes ; et dans le chapitre suivant, nous retracerons l'histoire du mouvement malthusien en Angleterre et à l'étranger.

CHAPITRE III.

Le mouvement malthusien en Angleterre.

Pendant de nombreuses années après la publication du grand essai de M. Malthus, le principe qu'il avait formulé ne dépassa pas le domaine des controverses plus ou moins académiques. La « théorie de la population » fut dénoncée dans d'innombrables chaires et attaquée par la plume d'écrivains avertis ; mais, fondée sur une observation patiente et précise des faits de la nature, elle resta inébranlable lorsque les prédicateurs et les critiques furent oubliés.

Il serait absurde de douter qu'une contribution aussi importante aux sciences sociales ait influencé les esprits et contribué à façonner la conduite des hommes réfléchis ; mais il ne fait aucun doute qu'aucune tentative organisée pour vulgariser et propager les enseignements de Malthus et faire connaître la nature des contrôles préventifs parmi la population de ce pays n'a été entreprise avant 1877. Dans le premier quart du siècle, Richard Carlile a publié un petit pamphlet sur le sujet ; mais il n'y a aucune raison de supposer que son effet fut appréciable. M. Francis Place et M. Robert Dale Owen écrivirent plus tard des essais incarnant pratiquement la vision malthusienne moderne.

En 1833, le Dr Charles Knowlton, de Boston (États-Unis), publia un petit ouvrage sur le thème de la population, intitulé *The Fruits of Philosophy*. Pendant plus de quarante ans, le livre fut vendu en Angleterre, mais sa vente était si petite que très peu de gens connaissaient son titre, et il resta dans son obscurité natale jusqu'à ce qu'il soit traîné à la lumière du jour par l'heureuse folie des personnes. qui imaginait qu'il était possible d'arrêter la propagation des lumières morales au moyen de la « répression » légale.

En 1876, une poursuite policière fut engagée contre un homme de Bristol pour avoir vendu *Les Fruits de la Philosophie*, et une condamnation fut obtenue. L'année suivante, l'éditeur du pamphlet fut également inculpé et renvoyé en justice ; mais il fut libéré en promettant de ne plus publier l'ouvrage. M. Charles Bradlaugh et Mme Annie Besant se sont alors chargés de défendre le droit de publication. Ils ont réimprimé et publié le pamphlet, invitant formellement les autorités à les poursuivre en justice. « C'est dans un souci de libre discussion que nous avons publié le tract attaqué lorsque son ancien vendeur a cédé aux pressions exercées sur lui par la police ; ce n'est pas tant pour défendre ce pamphlet que pour ouvrir la voie à d'autres traitant du même sujet que nous avons risqué la sanction qui s'abat sur nous. 1

Les autorités policières ont accepté le défi et des poursuites ont été immédiatement engagées. Le procès, qui a duré quatre jours, s'est déroulé à la Cour du Banc de la Reine, devant le Lord Chief Justice Cockburn et un jury spécial. Sir Hardinge Gifford (alors solliciteur général), M. Douglas Straight et M. Mead ont comparu pour l'accusation ; M. Bradlaugh et Mme Besant ont comparu en personne.

L'acte d'accusation accusait les prévenus d'avoir publié et vendu un livre obscène, dans l'intention de contaminer et de corrompre les bonnes mœurs. L'auteur *des Fruits de la philosophie* prônait le mariage précoce avec limitation des familles et faisait référence au cours de son ouvrage aux contrôles préventifs connus à l'époque. Le solliciteur général, en ouvrant le dossier, a cherché à persuader le jury que le Dr Knowlton avait utilisé spécieusement cette argumentation comme un déguisement et un prétexte pour suggérer des rapports sexuels illicites sans risque de grossesse. Une réprimande indignée de Sir Alexander Cockburn a amené le Solicitor-General à abandonner cette ligne de suggestion fausse et à se rabattre sur l'affirmation selon laquelle il était illégal de publier un ouvrage contenant « un chapitre sur les restrictions, écrit dans aucune langue savante, mais dans un anglais simple, sous une forme facile, et vendu… à six pence. Il a donc demandé au jury de déclarer que le livre était une « publication obscène ».

Le discours du Solicitor-General et sa conduite générale de l'affaire sont des questions d'importance insignifiante ; les caractéristiques notables du procès étaient les adresses des deux accusés et le résumé du Lord Chief Justice. Le discours de Mme Besant devant le jury a été un effort remarquable et mémorable. Elle a examiné et discuté la question démographique sous tous ses aspects, affirmant que, compte tenu des maux résultant d'une croissance excessive, la promotion de méthodes prudentes était un devoir sacré envers l'humanité. Dans les premiers passages de son discours , elle a souligné, de la manière la plus impressionnante, qu'elle plaidait pour le bien-être des autres :

> Ce n'est pas en tant qu'accusateur que je vous plaide aujourd'hui – ce n'est pas simplement en tant que défenseur que je me tiens ici – mais je parle en tant qu'avocat de centaines de pauvres, et ce sont eux pour qui je défends cette cause. Mes clients sont dispersés de long en large à travers le pays ; Je les retrouve parmi les pauvres, parmi lesquels j'ai tant été ; Je trouve mes clients parmi les pères de famille, qui voient leur salaire toujours diminuer et les prix toujours augmenter ; Je trouve mes clientes parmi les mères épuisées par des grossesses trop fréquentes, et avec deux ou trois petits autour trop jeunes pour se protéger elles-mêmes, alors qu'elles n'ont pas le temps de les garder. Il suffit à une femme au foyer d'avoir à sa charge les soins, les vêtements, l'éducation d'une famille nombreuse de jeunes enfants ; mais

c'est une tâche plus difficile lorsque souvent la mère, qui devrait être à la maison avec ses petits, doit sortir et travailler dans les champs pour gagner un salaire afin de les nourrir lorsque sa présence est nécessaire à la maison. Je trouve mes clients parmi les petits enfants. Messieurs, connaissez-vous le sort de tant de ces enfants ? — les petits à moitié affamés parce qu'il y a de la nourriture pour deux mais pas assez pour douze ; à moitié vêtus parce que la mère, quels que soient ses compétences et ses soins, ne peut pas les vêtir avec l'argent ramené à la maison par le soutien de famille ; élevé dans l'ignorance, et l'ignorance signifie paupérisme et crime ; messieurs, vos circonstances plus heureuses vous ont élevé au-dessus de cette souffrance, mais cette question se pose également pour vous ; pour ces familles trop nombreuses, cela signifie également une augmentation du taux de pauvreté, qui s'alourdit d'année en année. Ces pauvres sont mes clients, et si je vous fatigue par la longueur de vos discours, comme je le crains, c'est parce que je dois penser à eux plus encore qu'à votre temps ou à votre peine.

Avec une juste indignation, Mme Besant a repoussé l'accusation selon laquelle *Les Fruits de la Philosophie* était une publication « obscène ». Elle a montré par une citation du Lord Campbell's Act (sur lequel se fondait l'accusation) que la définition légale de l'obscénité ne pouvait en aucun cas s'appliquer à un livre contenant « des détails physiologiques secs présentés dans un langage sec et technique ». Elle a ensuite insisté sur le fait que le droit de libre discussion sur les questions d'intérêt public était en réalité attaqué par l'accusation :

Pensez-vous, messieurs, un instant que moi et mon coaccusé sommes en conflit sur la simple question de la vente ou de la publication de ce volume à six sous du Dr Knowlton ? Croyez-vous que nous nous serions placés dans la situation où nous nous trouvons actuellement pour le simple profit tiré d'un pamphlet de six sous de quarante-sept pages ? Non, il n'en est rien ; nous avons un intérêt bien plus vaste en jeu, un intérêt vital pour le public, un intérêt que nous passerons toute notre vie à essayer de défendre. Il s'agit en réalité du droit au débat public au moyen de la publication, et cette question est liée au droit de vendre cette brochure à six sous que le Solicitor-General méprise à cause de son prix.

Il serait cependant impossible de donner, par des extraits d'une longueur raisonnable, une idée adéquate du discours frappant et éloquent que Mme

Besant a adressé au jury pour sa défense . Toute la question de la surpopulation et de ses conséquences a été examinée avec le plus grand soin et la plus grande intégralité. Profondément convaincue de la justesse de sa cause, Mme Besant a plaidé que les enseignements du nouveau malthusianisme, en rendant possible le mariage précoce, favorisaient le bonheur et la moralité. Dit-elle:

> Je pense donc pouvoir dire avec justesse que chaque jeune homme désire naturellement fonder un foyer et entrer dans la vie conjugale dès sa première apparition dans le monde. Je ne crois pas qu'un jeune homme parte avec l'intention de se précipiter dans la vie rapide et la dissipation, mais les hommes sont souvent entraînés dans de telles habitudes parce qu'ils craignent les conséquences qui résultent d'un mariage précoce. Puisqu'on me dit que notre objectif est d'accroître l'immoralité et que nous n'utilisons le mot « mariage » que pour dissimuler les desseins les plus ignobles sur la pureté de la société, je peux dire librement que je considère les mariages précoces comme le salut même des jeunes hommes. , et surtout des jeunes hommes de nos grandes villes. Je crois avec une conviction profonde que je ne peux pas vous exprimer avec des mots, que le fait qu'un homme et une femme s'entraident, se réconfortent et se soutiennent, ce pour quoi ils sont par nature adaptés, est un état qui doit être atteint, qui doit être perpétué, par le mariage et par aucune autre manière. Ce n'est que par la camaraderie et l'union entre un homme et une femme que cela est possible. Excluez un homme de l'influence aimante du foyer, des institutions dorées du coin du feu, de la société de sa femme et du bonheur de devenir père, et vous l'induisez à une vie de débauche. Messieurs, ne vous y trompez pas. Il n'est pas question dans ce livre d'empêcher les hommes et les femmes de devenir parents ; on ne cherche ici qu'à limiter le nombre de leur famille. Et nous ne cherchons pas à cela parce que nous n'aimons pas les enfants, mais au contraire parce que nous les aimons et parce que nous voulons empêcher qu'ils viennent au monde en plus grand nombre qu'il n'est possible de pourvoir convenablement. . Les enfants, je crois, ont une influence sur les parents qui purifient au plus haut degré, parce qu'ils leur enseignent la retenue, le renoncement, la prévenance et la tendresse dans une mesure qui ne peut être surestimée ; et c'est parce que je souhaite qu'il soit possible aux jeunes hommes et aux jeunes femmes de bénéficier de ces

influences dans leur jeunesse, que je préconise la diffusion d'un livre qui mettra à leur portée la connaissance de la manière de limiter l'étendue de leur famille dans la mesure de leurs capacités à subvenir à leurs besoins ; car aucun homme ne peut regarder avec fierté et bonheur sa maison s'il a plus d'enfants qu'il ne peut en vêtir et en éduquer. C'est parce que je souhaite qu'ils se marient au printemps de leur jeunesse que je vous demande, par votre verdict dans cette action, de rendre possible la discussion sur ces sujets, et que les hommes ne soient pas poussés à trouver un substitut à la vraie et pure féminité et à l'épouse. dans d'autres directions. Si vous rendez cela possible, vous rendrez vos rues plus pures et vos familles plus heureuses qu'elles ne le sont actuellement.

Après avoir, au cours d'un long discours, expliqué et défendu la doctrine néo-malthusienne contre les fausses déclarations inspirées par l'ignorance, les préjugés et le sectarisme, Mme Besant a conclu son discours mémorable par les mots suivants :

Je dis justement qu'à moins que vous ne croyiez honnêtement que tout mon discours n'est qu'un amas de mensonges ; à moins que vous ne croyiez que mon intention est une mauvaise intention ; à moins que vous ne croyiez que je vous ai délibérément trompé, et que je me présente ici devant vous dans le pire comportement qu'une femme puisse assumer, à savoir celui de s'efforcer de corrompre les mœurs des jeunes sous le faux prétexte de pureté ici avancé , et à moins que vous ne pensiez que, pour la suite de ma vie, je mérite de passer par là avec la marque sur moi que douze messieurs, après toute leur patience, pensaient non seulement que le livre était une erreur, que les opinions étaient fausses et que le arguments peu convaincants, mais, dans le langage terrible de l'acte d'accusation, que je suis coupable d'avoir « conçu et machiné tout ce qu'il y avait en moi pour vicier et corrompre la morale de la jeunesse » ainsi que celle des autres, – à moins, dis-je, vous croyez que tel a été mon objet et mon but, sur cet acte d'accusation, je vous demanderai, messieurs, de rendre un verdict de « non coupable » et de me renvoyer chez moi libre, croyant de tout mon cœur et de ma conscience que j'ai été coupable seulement d'avoir fait ce que je devrais faire en m'attaquant honnêtement à une question avec laquelle je me considère justifié de m'attaquer à cette terrible pauvreté et à cette misère qui nous entourent de toutes parts. À moins que vous ne soyez prêts, messieurs, à me stigmatiser avec des intentions malveillantes, je vous demande, en tant qu'Anglaise, cette justice qu'il n'est pas impossible d'attendre de la part des Anglais. Je vous demande de me rendre un verdict de « Non » Coupable », et de me renvoyer chez moi intact.

M. Bradlaugh , dans son discours, a traité plus en détail que son co-accusé n'avait pu le faire des aspects juridiques et physiologiques de l'affaire. De la manière la plus claire, il a soutenu la licéité de la diffusion de la connaissance de contrôles prudentiels innocents :

> Je vous soumets, messieurs du jury, qu'il est moral d'apprendre aux pauvres à se marier tôt, et que cet enseignement évite et diminuera les rapports illicites. Je ne vous fatiguerai pas en lisant tout le rapport sur « l'emploi des femmes et des enfants dans l'agriculture », dont mon coaccusé a cité ce terrible extrait du rapport de Mgr Fraser. Vous y constaterez que les rapports illicites que nous sommes accusés d'essayer de produire sont des rapports illicites qui ont lieu et entraînent la naissance de l'enfant et entraînent le meurtre de l'enfant par la mère, car il n'y a pas de rapport sexuel illicite. la douleur de la famine, de la misère et de la honte à affronter. Je dis que c'est parmi les pauvres gens mariés que les maux de la surpopulation se font le plus sentir, et que l'on ne peut pas tendre à dépraver leurs mœurs en leur apprenant à contrôler intelligemment cette surpopulation… Je soutiens que le plaidoyer de tous Les contrôles sont licites sauf ceux qui prônent la destruction du fœtus après la conception ou de l'enfant après la naissance. Je dis que le plaidoyer en faveur de tout contrôle limitant les naissances est licite, ce qui ne constitue pas un plaidoyer en faveur de la destruction de la vie humaine sous quelque forme que ce soit après que cette vie a été créée.

En supposant la légalité d'un tel plaidoyer, il est inutile à moins d'être exprimé dans un langage clair et simple :

> Je dis que le plaidoyer en faveur de tout contrôle parmi les masses, pour être utile, doit nécessairement être exprimé dans le langage le plus simple et sous la forme la moins coûteuse, et être largement répandu ; et je vous insiste sur ce point parce que je comprends que le savant solliciteur général a déclaré dans son argumentation que l'un des

défauts de cette brochure était qu'elle n'était pas obscurcie dans un langage savant. Si nous avions la facilité de nous exprimer en français, ou en italien, ou en grec, ou en latin, ou en hébreu, ou en arabe, à quoi cela servirait-il terrestrement aux pauvres malheureux dont nous voulons adresser la misère ?

Après avoir parcouru avec son habileté et sa perspicacité habituelles les accusations formulées par l'accusation, M. Bradlaugh a conclu son discours par une péroraison pleine d'éloquence passionnée :

> Nous voulons (dit-il) rendre les pauvres plus confortables ; et vous nous dites que nous sommes immoraux. Nous voulons empêcher qu'ils mettent au monde des petits enfants pour qu'ils sucent la mort, au lieu de la vie, au sein de leur mère ; et vous nous dites que nous sommes immoraux. Je ne devrais pas dire que peut-être, messieurs, vous puissiez juger les choses différemment de moi ; mais je connais les pauvres. Je leur appartiens. Je suis né parmi eux. Parmi eux se trouvent les premières associations de ma vie. Le peu de capacités que je possède aujourd'hui m'est venu dans le dur combat de la vie. Je n'ai pas eu d'université pour polir ma langue ; pas d'Alma Mater pour me donner une éloquence qui puisse vous émouvoir. Je plaide ici simplement pour la classe à laquelle j'appartiens et pour le droit de lui dire ce qui peut racheter sa pauvreté et atténuer sa misère. Et je vous demande de croire au fond de votre cœur, même si vous prononcez ici un verdict contre nous - je vous demande au moins d'essayer de croire à la fois pour moi et pour la dame qui est assise à côté de moi (j'espère que c'est pour moi , et je le lui souhaite sincèrement), que nous avons toujours eu l'intention de faire le bien, même si vous pensez que nous avons mal agi.... Ma coaccusée a fait référence, dans un langage sincère, aux lettres qu'elle avait reçues de femmes, et des ecclésiastiques, et d'autres dans tout le pays. Moi aussi, j'ai reçu de nombreux mots chaleureux de sympathie de la part de ceux qui pensent que j'ai raison. Il est vrai que beaucoup d'entre eux sont peut-être des ignorants et peuvent donc se tromper ; mais ils m'ont écrit pour m'encourager de leur aimable sympathie dans ma plaidoirie devant vous. Si nous sommes accusés de faire circuler un livre obscène, beaucoup de ces pauvres gens penseront encore « non ». Ils pensent qu'une telle

connaissance éviterait la misère dans leurs familles, réduirait la faim dans leurs familles et empêcherait la maladie dans leurs familles. Savez-vous ce que signifie la pauvreté dans la maison d'un pauvre ? Cela veut dire que lorsqu'on reproche sa brutalité à un homme pauvre et ignorant, on oublie qu'il lutte simplement contre cette dureté de la vie qui chasse de son existence toute chevalerie et toute courtoisie. Ne blâmez pas trop les pauvres parce qu'ils sont durs et brutaux. Pensez avec miséricorde à un homme comme un briquetier qui, rentrant chez lui après sa journée de labeur, trouve six ou sept petits qui pleurent pour avoir du pain et s'accrochent à sa femme pour la nourriture qu'ils ne peuvent obtenir. Pensez-vous qu'une scène comme celle-là n'est pas suffisante pour lui et elle aussi affamés et en colère ? Messieurs, c'est à vous, dans votre délivrance du coupable ou du non coupable, de dire comment nous devons quitter ce tribunal, si, lorsque nous quitterons cet endroit, si vous nous déclarez coupables, Sa Seigneurie estimera que c'est son devoir. pour nous condamner et nous imposer la marque d'un destin tel que votre verdict peut le justifier ; ou si, grâce à votre verdict de non-culpabilité – ce que j'espère pour moi et que je souhaite pour mon coaccusé – nous pouvons sortir de ce tribunal absous de la honte que cet acte d'accusation a cherché à nous infliger.

Nous devons passer sous silence les témoignages donnés par le Dr Alice Vickery, le Dr CR Drysdale, M. Bohn et d'autres pour la défense ; et faites brièvement référence au résumé du Lord Chief Justice (Sir Alexander Cockburn). Sa Seigneurie a insisté sur « le caractère et l'effet pernicieux » de la poursuite, et a déclaré qu'« une procédure plus peu judicieuse et plus peu judicieuse » n'avait probablement jamais été intentée devant un tribunal de justice. Il a souligné avec rigueur le secret qui avait été maintenu quant aux véritables initiateurs de l'accusation. En discutant des questions en jeu, Sa Seigneurie a évoqué la théorie de Malthus comme « une théorie qui a étonné le monde, bien qu'elle soit maintenant acceptée comme une vérité irréfutable, et qu'elle ait depuis été adoptée par un économiste après l'autre. Que les maux résultant de la surpopulation, continua-t-il, soient des maux que, s'ils pouvaient être évités, la charité humaine aurait pour première tâche de prévenir, cela ne fait aucun doute. Que les maux de la population soient réels et non imaginaires, personne connaissant l'état de la société d'aujourd'hui ne peut le nier. À la question de savoir si la promotion des contrôles prudentiels tendait ou non à corrompre la moralité publique, Sa Seigneurie a déclaré au jury : « Vous devez décider cela en tenant dûment compte et en vous référant à la loi, et avec un désir honnête et déterminé de maintenir la morale. de l'humanité. Mais, d'un autre côté, vous devez examiner attentivement ce qui est dû au débat public, et avec le désir anxieux de ne pas, à cause d'une vision préjugée de ce sujet, étouffer ce qui peut faire l'objet d'une enquête légitime. Les derniers passages de l'exposé au jury sont si significatifs qu'ils sont ici reproduits intégralement :

> Si vous êtes d'avis que cet ouvrage de Knowlton, bien que bien intentionné, et bien que sa publication par les défendeurs puisse être destinée au bénéfice de l'humanité, si vous pensez qu'ils ont adopté une opinion erronée quant à l'effet de cet ouvrage, et que toute sa portée est subversive pour la morale de la société, si telle est votre opinion, il est alors de votre devoir impérieux de déclarer les accusés responsables. Mais tant que tel est le cas, il appartient à l'accusation d'établir l'accusation qu'elle s'est engagée à établir. Si vous pensez qu'ils n'ont pas réussi – si vous pensez que ces questions peuvent être discutées équitablement – et que la bonne réponse consiste à les réfuter par des arguments et non par des poursuites, les accusés ont droit à votre verdict. Ou si vous avez le moindre doute quant à l'effet de ce travail, vous êtes tenu de les déclarer non coupables. Je dirai seulement en conclusion que tout ce qui outrage la décence, tout ce qui tend à corrompre les mœurs de la société, et spécialement les mœurs et la pureté des femmes, tout ce qui tend à avoir ce résultat est, lorsqu'il est publié, un délit. Mais cette offense, comme toute autre, doit être établie. Si vous pensez que cela est établi, s'il y a dans votre esprit la conviction que, bien qu'ils aient agi dans le désir de faire le bien, à votre avis, ils ont mal agi, ils se sont alors soumis à la définition de la loi.

Malgré les discours puissants des accusés et les accusations manifestement sympathiques du juge, le jury n'a pas eu l'occasion de prendre clairement position en faveur de la liberté de discussion. Ils ont rendu un verdict « spécial » hésitant, déclarant que le livre était « calculé pour dépraver la moralité publique », mais en même temps ils ont entièrement exonéré les accusés de tout motif de corruption en le publiant. Sur ce, le juge a ordonné à contrecœur au jury de rendre un verdict de culpabilité.

Le reste de l'histoire est raconté de la manière la plus concise dans les propres mots de Mme Besant : « Manifestement agacé par le verdict, le Lord Chief Justice a refusé de rendre un jugement et nous nous en remettons à nos propres engagements . Lorsque nous sommes venus plus tard pour le jugement, il nous a exhorté à remettre le pamphlet car le jury l'avait condamné ; Il a dit que toute notre démarche à cet égard avait été bonne, mais que nous devions nous soumettre au jugement du jury. Nous étions obstinés, et je n'oublierai jamais la manière pathétique avec laquelle le grand juge nous a exhortés à nous soumettre, et comment finalement, alors que nous persistions à continuer à le vendre jusqu'à ce que le droit de le vendre soit acquis, il a dit qu'il le ferait. Nous nous aurions laissés libres si nous avions cédé au tribunal, mais notre insistance l'a contraint à nous condamner. Nous avons déposé un avis d'appel, promettant de ne pas vendre avant que l'appel ne soit statué, et il nous a laissé partir sur la base de nos propres engagements . En appel, nous avons annulé le verdict et avons été libérés ; nous avons récupéré tous les pamphlets saisis et les avons vendus publiquement ; nous avons continué la vente jusqu'à ce que nous recevions l'information qu'aucune autre poursuite ne serait intentée contre nous, puis nous avons abandonné la vente du pamphlet et ne l'avons plus jamais reprise. 2

Après avoir rendu compte de ce procès mémorable, nous allons retracer certains de ses effets profonds. En premier lieu, la brochure du Dr Knowlton connut immédiatement une énorme diffusion. Avant le procès, les ventes annuelles étaient très faibles ; dans les trois mois qui suivirent l'introduction des poursuites contre les éditeurs, 125 000 exemplaires furent vendus. Mais ce résultat, aussi surprenant qu'il puisse paraître, n'est en aucun cas la phase la plus importante de l'élan donné à l'esprit public sur la question de la population par la *cause célèbre* de « La Reine *contre* Charles Bradlaugh et Annie Besant ». Au cours du procès, les journaux de ce pays ont publié de longs rapports sur les débats, et les discours remarquables des accusés ont ainsi été largement diffusés. Leurs déclarations populaires sur la position malthusienne, leur description des maux résultant de la surpopulation et les remèdes qu'ils proposaient furent diffusés dans des milliers de foyers où aucun soupçon de vérité n'aurait pu pénétrer autrement. La presse, avec ses myriades de voix, devint, pour l'époque, un puissant organe de propagande néo-malthusienne, répétant, sur un ton qui résonna dans le monde entier, les paroles éloquentes de deux réformateurs sociaux qui connaissaient les misères des pauvres : et qui ont affronté le danger de l'emprisonnement et de l'opprobre social pour proclamer ce qu'ils considéraient comme le seul remède efficace contre la pauvreté.

Au milieu de l'émoi suscité par ce fameux procès, LA LIGUE MALTHUSIENNE a été créée et a depuis poursuivi son travail de propagande d'une manière organisée et systématique. Elle a été fondée pour promouvoir les objets suivants :

I. Faire campagne pour l'abolition de toutes les sanctions concernant le débat public sur la question de population et pour obtenir une définition statutaire qui rende impossible, à l'avenir, d'amener de tels débats dans le champ d'application de la common law en tant que délit. .

II. Répandre parmi le peuple, par tous les moyens possibles, la connaissance de la loi de la population, de ses conséquences et de son influence sur la conduite et la morale humaines.

Le Dr Charles R. Drysdale, MD, FRCS, ing., a été dès le début président de la Ligue et s'est consacré au travail d'explication et de défense du principe néo-malthusien. La liste des vice-présidents comprend les noms de feu M. Yves Guyot, éminent député et ministre d'État français, et de M. J. Bryson, président de l'Association des mineurs de Northumberland. Une référence à sa composition actuelle montrera au lecteur que les efforts de la Société pour diffuser des vues éclairées sur la question démographique bénéficient de l'approbation et de la sympathie de personnes influentes dans ce pays et dans d'autres. 3

Le travail de la Ligue se poursuit principalement par des conférences et des réunions publiques, la diffusion de littérature et des lettres adressées aux rédacteurs des journaux. C'est ainsi que l'esprit du public est constamment influencé dans le sens d'opinions rationnelles sur la question démographique.

Les réunions annuelles des membres et amis de la Ligue ont fourni de précieuses occasions d'obtenir des expressions d'opinion sur le sujet du malthusianisme de la part de nombreuses personnes influentes. Des lettres exprimant leur chaleureuse approbation du mouvement ont été reçues de Mme Mona Caird , Lord Derby, Lord Pembroke, feu Lord Bramwell, M. Leonard Courtney, député, MWB Maclaren, député, professeur Bain, M. Arnold White, M. GH Darwin et autres.

Quatre ans après la création de la Ligue, une « Branche Médicale » a été créée avec les objectifs suivants :

I. Aider la Ligue Malthusienne dans sa croisade contre la pauvreté et les maux qui l'accompagnent en obtenant la coopération de médecins qualifiés, tant britanniques qu'étrangers.

II. Obtenir un ensemble d'opinions scientifiques sur les points de physiologie et de pathologie sexuelles impliqués dans la « question de population » et qui ne peuvent être discutés que par ceux qui possèdent des connaissances scientifiques.

III. Militer pour un débat libre et ouvert sur la Question de Population sous tous ses aspects dans la presse médicale, et obtenir ainsi une reconnaissance de l'oasis scientifique et de la nécessité absolue du Néo-Malthusianisme.

On verra que les travaux de cette section ont un caractère particulier et scientifique. Les noms des dirigeants et des membres (donnés en annexe) montreront que la promotion des contrôles prudentiels auprès de la population est sanctionnée par un corps de médecins d'une éminence incontestée.

Après avoir donné un aperçu de l' organisation permanente de la propagande malthusienne issue des événements de 1877, nous retraçons brièvement l'histoire du mouvement à partir de cette période. Il s'agit essentiellement d'une histoire de petites persécutions d'un côté et, de l'autre, d'une persévérance constante dans le travail d'information de l'esprit public. Le principal obstacle au progrès du mouvement, et qu'il est en train de surmonter lentement mais sûrement, sont les préjugés nés de l'ignorance et de l'intolérance. Les journalistes, hommes d'État et autres leaders d'opinion n'hésitent pas à avouer leur adhésion au principe formulé par Malthus ; mais ils sont, presque sans exception, dominés par la peur de Mme Grundy, et craignent d'encourir l'odieux qui, imaginent-ils, résulterait d'une franche reconnaissance de la seule issue logique de ce principe. Ils se joignent bruyamment au chœur des méfaits de la surpopulation ; mais, en règle générale, ils n'accorderont aucun soutien public à un plaidoyer en faveur des contrôles prudentiels. La tâche des pionniers du mouvement est donc rendue excessivement difficile ; mais depuis la création même de la Ligue Malthusienne, le travail de propagande a été poursuivi avec un dévouement sans faille et un objectif unique.

À ses débuts, la Ligue a été appelée à soutenir l'un de ses membres les plus respectés sous le poids des persécutions. En février 1878, M. Edward Truelove fut poursuivi et jugé devant le Lord Chief Justice Cockburn pour avoir publié l'hon. La brochure de Robert Dale Owen intitulée *Moral Physiology* et un essai sur *la pauvreté individuelle, familiale et nationale* , par un auteur anonyme. MWA Hunter, en défendant sa cause, a prononcé un discours très puissant en faveur de la position malthusienne. Le jury n'a pas réussi à se mettre d'accord sur un verdict et la procédure a abouti à une fin avortée. Trois mois plus tard, cependant, M. Truelove a été soumis une seconde fois à son procès, le lieu étant entre-temps changé de la Cour du Banc de la Reine à l'Old Bailey. Un jury commun n'a trouvé aucune difficulté à rendre un verdict de culpabilité, et M. Truelove (alors dans sa soixante-huitième année) a été condamné à payer une amende de 50 £ et à quatre mois d'emprisonnement. Une grande réunion publique a eu lieu à St. James's Hall le 6 juin, lorsque M. Bradlaugh , Mme Besant, le Dr Drysdale et d'autres amis du mouvement ont protesté contre l'action des autorités qui interféraient ainsi avec le droit de libre discussion. et ont exprimé leur admiration pour le courage et la cohérence de M. Truelove.

M. Truelove a enduré les privations de l'emprisonnement avec courage et dignité, convaincu que sa cause était juste. Il a été emmené à Coldbath Fields dans un fourgon-prison, menotté comme un dangereux criminel ; obligé de s'allonger sur le « lit de planches » et soumis à toutes les rigueurs de la discipline en prison . Durant les trois premiers mois, il n'eut pas droit à la viande ; après cette période , il fut autorisé à consommer six onces de viande australienne en conserve *par semaine* . Heureusement , l'enfermement et les difficultés n'ont pas porté préjudice à sa santé.

Le 12 septembre, il fut accueilli à la liberté par un grand et enthousiaste rassemblement d'amis au Hall of Science de Londres. Les principaux membres de la Ligue Malthusienne étaient présents, ainsi que M. Moncure D. Conway et le révérend Stewart D. Headlam , présents pour rendre honneur à celui qui avait souffert pour des raisons de conscience . Une bourse contenant 200 £ a été remise à M. Truelove, accompagnée du témoignage suivant :

> *À* EDWARD TRUELOVE , *à sa sortie de quatre mois d'emprisonnement à la prison de Coldbath Fields, a souffert pour défendre la liberté de la presse .*
>
> Les soussignés, au nom de la Société Nationale Laïque et de la Ligue Malthusienne, tiennent à vous souhaiter la bienvenue à votre retour à la liberté, et à vous offrir leurs plus vifs remerciements pour le courage et l'endurance dont vous avez fait preuve, en défendant le droit de publication gratuite de avis.
>
> La bataille pour la liberté de la presse a été menée sans relâche depuis l'invention de l'imprimerie, et on pourrait dresser une longue liste de noms de ceux qui, d'abord sur le bûcher, puis en prison, ont à leur tour payé leur part. des achats au pénalty pour les victoires déjà obtenues. Vous avez dignement droit à une place honorable dans ce tableau d'appel, d'autant plus que vous avez tenu bon à une époque où trop de gens temporisent et bronchent. De presque toutes les régions d'Angleterre et des districts éloignés, ainsi que des grands centres de l'Écosse, des milliers de vos compatriotes et de vos compatriotes ont plaidé pour votre libération, et de toutes les parties du monde civilisé des expressions ont été reçues, sympathie avec vous et d'indignation contre vos persécuteurs.
>
> En guise de légère marque de notre gratitude et de notre affectueuse estime, et en reconnaissance de l'honneur avec lequel vous avez couronné une longue vie de courage inébranlable, nous vous présentons cette adresse, ainsi que la bourse d'or qui l'accompagne, vous priant d'accepter avec

eux nos plus sincères remerciements. vœux pour votre bien-être futur. Signé au nom de

LA SOCIÉTÉ NATIONALE LAÏQUE .

CHAS. BRADLAUGH , *président* .
ROBERT FORDER , *secrétaire* .

LA LIGUE MALTHUSIENNE.

C. DRYSDALE , MD, *président* .
ANNIE BESANT , *l'hon. Seconde.*

Salle des Sciences, 12 septembre 1878.

Le cas de M. Truelove fut la dernière poursuite d'importance dans ce pays pour la publication d'ouvrages traitant de la question démographique. Les procédures contre M. Bradlaugh et Mme Besant, après avoir été annulées par la Cour d'appel sur la base d'un bref d'erreur, n'ont jamais été renouvelées. La brochure du Dr Knowlton, *Les Fruits de la Philosophie* , a été retirée de la circulation, et Mme Besant a écrit un petit livre, *La loi de la population : ses conséquences et son incidence sur la conduite humaine et la morale* , pour le remplacer. Près de 200 000 exemplaires de cet ouvrage ont circulé en Grande-Bretagne ; de nombreuses éditions piratées ont été publiées en Amérique et en Australie ; et il a été traduit dans plusieurs langues européennes. Il a constitué la base d'un jugement remarquable du juge Windeyer (prononcé à la Cour suprême de la Nouvelle-Galles du Sud), auquel il sera fait référence plus loin.

En juin 1887, le Dr HA Allbutt, de Leeds, publia une brochure à six sous intitulée *The Wife's Handbook* . Le paragraphe suivant, tiré de l'introduction du livre, en expliquera le but : « Sauver la vie et préserver la santé de milliers de femmes, sauver de la mort et de la maladie les enfants qui pourraient naître, apprendre à la jeune épouse comment pour régler sa santé pendant la période la plus importante de sa vie, pour lui enlever l'ignorance populaire dans laquelle elle a pu être élevée et pour lui permettre d'apprendre les vérités concernant ses devoirs d'épouse et de mère, j'ai jugé bon d'écrire ceci peu de travail. Peu de temps après son apparition, l'esprit de persécution s'est à nouveau manifesté, cette fois sous un aspect obscur et technique. En tant que membre du Collège royal des médecins d'Édimbourg, le Dr Allbutt était professionnellement soumis au Conseil de cet organisme ; et il a été convoqué à comparaître et à justifier pourquoi il ne devrait pas être radié des listes pour le délit d'écriture et de publication *du Manuel de l'épouse* . La question fut chaleureusement reprise par la Ligue Malthusienne et des protestations furent adressées au Collège de toutes les régions de Grande-Bretagne ainsi que de France, d'Allemagne, de Hollande, d'Italie, d'Inde et de Jamaïque. On n'entendit plus parler de cette affaire jusqu'en novembre, lorsque le Dr Allbutt reçut un avis de comparution devant le General Medical Council, à Londres, pour justifier pourquoi son nom ne devait pas être radié du registre.

Le 23 novembre, la plainte contre le Dr Allbutt fut examinée par le Conseil médical général, un organisme composé de vingt-sept médecins. Le Dr Allbutt était représenté par M. Wallace (avocat) et la « poursuite » a été menée par M. Muir Mackenzie, le conseiller juridique du Conseil. Voici les points que le Conseil a examinés : « (1) *The Wife's Handbook était* -il un traité médical équitable ou était-ce une publicité indécente ? (2) Était-ce pratiquement une atteinte au public et une insulte à la profession ? M. Wallace, dans un discours très compétent, a passé en revue les suggestions faites par l'avocat du Conseil et a contesté le droit d'un organisme irresponsable de déterminer si une ligne de défense était « subversive à la moralité publique ». Si le Dr Allbutt avait violé la loi, il pouvait faire l'objet de poursuites judiciaires, et il n'appartenait pas au Conseil médical de le juger. M. Wallace a justifié la décision prise par le Dr Allbutt de publier son ouvrage à bas prix afin de le mettre à la portée des classes les plus pauvres. Il attire l'attention des membres sur une liste des pétitions qui ont été présentées au Conseil à ce sujet en provenance de toutes les parties de l'Europe. Ils étaient plus de soixante-dix ; beaucoup d'entre eux venaient de sociétés médicales, scientifiques et politiques. Il a assuré le Conseil que les membres de la profession médicale n'étaient en aucun cas unanimes pour condamner M. Allbutt et que cela irait à l'encontre des sentiments d'une minorité très considérable s'ils prenaient une décision défavorable à son client. Le livre a été écrit dans le but exprès de sauver les pauvres de la misère, de la pauvreté et de la famine qui résultent de la surproduction d'enfants ; et il demanda en conclusion au Conseil d'arriver à une décision qui relèverait son client de l'imputation qui lui avait été portée, et qui le rétablirait dans sa juste situation.

Le Conseil ayant délibéré en chambre du conseil, le Président a rendu l'arrêt suivant :

« De l'avis du Conseil, M. Allbutt a commis le délit qui lui est reproché, c'est-à-dire d'avoir publié et fait publiquement vendre un ouvrage intitulé The Wife's Handbook, *à* Londres et ailleurs, à un prix aussi bas. de manière à mettre le travail à la portée des jeunes des deux sexes, au détriment de la morale publique. Deuxièmement, le délit constitue, de l'avis du Conseil, « une conduite infâme sur le plan professionnel ». Troisièmement, il est ordonné au registraire de rayer le nom de MHA Allbutt du *registre médical* .

Ainsi prit fin la vaine tentative du Conseil médical général de faire cesser la publication des ouvrages malthusiens « *à si bas prix* ». Personne n'a été plus mal en point face aux lourdes procédures de ce tribunal archaïque. Le Dr

Allbutt n'a jamais cessé d' exercer légalement la médecine ; vingt éditions du *Wife's Handbook* ont été publiées et 180 000 exemplaires vendus.

Cette affaire a suscité beaucoup d'attention dans la presse. La *Pall Mall Gazette* a déclaré que « la décision du Conseil médical général de rayer de ses listes le nom d'un médecin qui publiait « à bas prix » des informations sur les meilleurs moyens d'empêcher la multiplication excessive des enfants au-delà des moyens de leurs parents de subsistance ou la possibilité d'éducation et de contrôle, deviendra bientôt familière comme l'une des illustrations les plus flagrantes des préjugés professionnels et de la folie humaine. Lorsqu'un respectable aussi calme que Lord Derby se sent obligé d'attirer l'attention sur l'augmentation de 400 000 habitants par an de notre population comme l'un des problèmes les plus urgents de notre époque, il est vraiment trop stupide pour le Conseil médical général de qualifier de " infâme » un praticien qui, dans un ouvrage contre lequel aucune objection n'est formulée pour inconvenance ou immoralité, fournit aux pauvres des informations déjà possédées par les riches.

Nous n'avons qu'une seule tentative ultérieure visant à entraver le libre débat sur la question démographique dans ce pays. En octobre 1891, MHS Young, MA, fut convoqué à comparaître devant le tribunal de police de Bow Street, accusé d'avoir envoyé par la poste un dépliant intitulé *Quelques raisons de préconiser la limitation prudentielle des familles* . La procédure a été engagée en vertu de la loi sur la protection des postes. M. Besley , en dirigeant l'accusation, a fait une déclaration remarquable selon laquelle le seul frein contre l'immoralité dans ce pays était la peur de la grossesse ! S'exprimant pour sa propre défense , M. Young a soutenu qu'il n'y avait aucune « obscénité » à montrer aux pauvres comment ils pourraient limiter leurs familles. Le magistrat (M. Lushington) a admis que le tract avait été rédigé dans un langage très soigné et qu'il n'était pas du tout destiné à être offensant ; mais il a quand même jugé que c'était « obscène », a déclaré M. Young coupable et l'a condamné à payer une amende de 20 £ et les frais. L' accusé s'est adressé au magistrat pour exposer son cas, car il avait l'intention de faire appel ; mais M. Lushington a refusé de le faire.

Ces poursuites ont conduit à la formation d'un Comité de discussion libre et des réunions publiques ont été organisées dans divers quartiers de la métropole pour protester contre l'atteinte à la liberté publique par des procédures judiciaires. Des tentatives répétées ont été faites par M. Young et ses conseillers pour porter l'affaire devant un tribunal, mais des difficultés techniques ont rendu cela pratiquement impossible, et l'affaire a été abandonnée.

Entre-temps, la propagande des idées néo-malthusiennes se poursuit régulièrement. Les pages *du Malthusien* , l'organe mensuel de la Ligue, témoignent constamment d'une activité qui ne se hâte ni ne se repose. Seul le temps pourra le montrer si ses énergies doivent être à nouveau stimulées par la persécution.

Une brève déclaration concernant la position du mouvement malthusien dans les pays étrangers pourrait être utilement ajoutée à ce chapitre.

Hollande. — Il y a plusieurs années, une Ligue malthusienne néerlandaise a été créée par MS Van Houten (Docteur en droit et adjoint), MCV Gerritsen, le Dr C. de Rooy , le Dr Lobry de Bruyn et d'autres. En 1887, la Ligue comptait parmi ses membres, rien qu'à Amsterdam, six docteurs en médecine, onze docteurs en droit et trois professeurs d'université. A Amsterdam, un dispensaire est ouvert depuis longtemps, où une dame (Dr Aletta H. Jacobs) et d'autres membres médicaux se rendent et donnent des conseils à ceux qui recherchent des informations pratiques sur les contrôles prudentiels. Un grand nombre de femmes mariées pauvres s'adressent au dispensaire pour obtenir des instructions sur les meilleures méthodes par lesquelles elles peuvent limiter la taille de leur famille. Plusieurs brochures sur la question démographique ont été publiées par la Ligue Malthusienne néerlandaise. En 1887, trente mille exemplaires d'une de ses publications avaient circulé dans un pays moins peuplé que celui de Londres. La brochure la plus récente sur le malthusianisme, sous la plume de MJA Van der Haven, s'intitule *Les Pays-Bas sombres et la manière d'en sortir* . L'auteur dresse un triste tableau de la vie dans certains quartiers pauvres de Hollande, où, dit-il, « les rires sont rarement entendus, et la faim et la mort prématurée sont des visiteurs constants ». Il y a cependant de l'espoir pour un avenir meilleur. M. Gerritsen affirme qu'en Hollande « les directeurs des grands établissements industriels et des sociétés de chemins de fer font connaître à leurs ouvriers les moyens d'éviter de sombrer dans la pauvreté ».

Allemagne. — La question malthusienne a souvent fait l'objet de discussions en Allemagne. Le Dr Stille de Hanovre, le Dr Hans Ferdy , le Dr Mensinga , le Dr Zacharias et d'autres médecins ont attiré à maintes reprises l'attention du public sur l'importance du sujet ; mais, jusqu'à récemment, aucun effort combiné pour influencer l'opinion publique n'a été possible. M. Max Hausmeister , de Stuttgart, a enfin mis sur pied une organisation pour la propagande des vues néo-malthusiennes. Le 12 février 1892, une réunion privée se tient à Stuttgart « pour examiner l'opportunité de former une société malthusienne ». Cela a conduit à la création de la *Sozial-Harmonische Verein* (Union de l'harmonie sociale) et à la création d'un journal mensuel, *Die Sozial Harmonie* , « pour éclairer le peuple allemand sur les questions sociales, politiques et économiques et sur leurs relations avec les questions sexuelles ». .» (Abonnement : 2,50 marks par an.) L'Allemagne, avec sa population grouillante de travailleurs pauvres, offre un immense champ à la propagande malthusienne.

C'est seulement aux Pays-Bas et en Allemagne, parmi les pays continentaux, que la vision malthusienne a trouvé une expression organisée . *La France* , bien qu'extrêmement prudente en pratique, est fortement anti-malthusienne en théorie, du moins en ce qui concerne la classe dirigeante. Drs. Lutaud , Le Blond et Rebanté , de Paris, comptent parmi les partisans du mouvement néo-malthusien en France.

En *Inde* , l'attention du public a été récemment attirée sur la question démographique par une poursuite intentée par les autorités policières contre MM. Taraporewalla & Sons, de Bombay, pour avoir vendu des exemplaires d'une brochure intitulée *True Morality ; ou, la théorie et la pratique du nouveau malthusianisme* , par MJR Holmes. Le magistrat en chef de la présidence a reconnu coupables les accusés et leur a infligé une amende de 201 roupies (environ 12,10 shillings). La condamnation n'a pas été autorisée sans protestation publique. Le rédacteur en chef d'un journal de Bombay a écrit : « La bataille a été menée et gagnée en Occident, et le sujet est plus ou moins directement traité dans les principales revues, et des livres et des brochures sont ouvertement vendus en Angleterre. Notre devoir ici est assez clair. Les libres penseurs en Inde, qu'ils soient néo-malthusiens ou non, doivent-ils rester les bras croisés et voir la libre discussion de cette question refusée au public ? Nous sommes parfaitement conscients que, même si nombreux sont ceux qui contribueront à cette œuvre, ils sont peu nombreux, hélas ! combien peu ! — qui supporteront ouvertement le poids de la mêlée. Pourtant, il y en a au moins un qui le fera. Mais les autres resteront-ils là et apporteront-ils toute l'aide qu'ils peuvent, même en silence ? Le niveau de confort de la population indigène grouillante de l'Inde est déplorablement bas, le revenu moyen par habitant dans les provinces du nord-ouest ne dépassant pas 22 ½ roupies (disons 1, 8 shillings 6 pence) par *an* . Et pourtant, en vérité, ceux qui cherchent à sortir les pauvres ryots de leur pauvreté et de leur misère abyssales sont confrontés aux conventions suffisantes de l'Europe occidentale et punis en tant que distributeurs de littérature « obscène » !

L'Amérique n'a pas d'organisation malthusienne , mais il existe de nombreux sympathisants du mouvement dans diverses régions du pays. Le Dr EB Foote, Jr., de New York, est un défenseur très actif et fervent des vues malthusiennes et a écrit plusieurs ouvrages populaires sur le sujet. Les interdictions douanières et postales sont très strictes quant à l'admission et à la transmission de la littérature et des appareils malthusiens. Il y a quelques années, feu MDM Bennett a été condamné à une peine d'emprisonnement à Auburn pour avoir envoyé par la poste une brochure de M. Heywood sur la question du mariage. Juste après son arrestation, M. Bennett a déclaré : « Mon seul objectif en vendant cette brochure est de revendiquer la liberté de pensée, de la presse et du courrier. J'ai toujours annoncé que je ne l'approuvais pas ; mais tant que M. Heywood le fera, je déclare qu'il a le droit de l'envoyer par la poste dans le cadre de son droit de le publier et comme un élément nécessaire de la liberté de la presse. Si cela signifie que je dois aller en prison, qu'il en soit ainsi.

De cette esquisse nécessairement légère et incomplète de la position du mouvement à l'étranger, on voit que la théorie de Malthus lève peu à peu la pensée et contribue à façonner les destinées du monde civilisé .

---

1 Préface au rapport spécial du procès. ↑

2 *Lucifer*, juillet 1891. ↑

3 Voir Annexe. ↑

CHAPITRE IV.

Une justification judiciaire du nouveau malthusianisme.

Comme nous l'avons montré dans le chapitre précédent, des tentatives répétées ont été faites pour supprimer, par des procédures juridiques, la promotion des idées néo-malthusiennes. Ces tentatives ont échoué, comme elles étaient vouées à l'échec. Par l'étrange ironie du sort, en effet, l'une des justifications les plus puissantes, les plus logiques et les plus convaincantes de la limitation prudentielle des familles est venue du tribunal. Le célèbre jugement rendu par le juge Windeyer , juge puîné principal de la Cour suprême de la Nouvelle-Galles du Sud, le 12 décembre 1888, constitue une contribution si importante à la discussion de cette question qu'un chapitre pourrait être consacré avec profit à un résumé de ses arguments et ses conclusions.

Un magistrat rémunéré de la Nouvelle-Galles du Sud a condamné M. WW Collins pour avoir vendu un livre « obscène », à savoir *The Law of Population* , écrit par Mme Annie Besant. M. Collins a fait appel de cette condamnation devant la Cour suprême, composée du juge en chef Darley et des juges Windeyer et Stephen. La seule question en litige était de savoir si l'œuvre était « obscène » ; et sur ce, le jugement de la Cour (le juge en chef étant dissident) a été rendu, selon lequel la déclaration de culpabilité devait être annulée.

En rendant son jugement, le juge Windeyer a déclaré :

> Un tribunal doit maintenant décider pour la première fois s'il est licite de défendre de manière décente, avec sérieux de pensée et sobriété de langage, le droit des hommes et des femmes mariés de limiter le nombre d'enfants qu'ils pourront engendrer par des moyens que la science médicale considère comme possibles et sans danger pour la santé. Il ne peut y avoir le moindre doute sur l'énorme importance de cette question, non seulement pour les personnes aux moyens limités dans chaque société et chaque pays, mais aussi pour les nations dont la population a tendance à croître plus rapidement que les moyens de subsistance. Depuis l'époque où Malthus annonçait pour la première fois que ses vues sur le sujet étaient déformées et vilipendées, comme le sont généralement les initiateurs d'idées nouvelles par des ignorants et des irréfléchis, la question ne s'est pas seulement posée avec une intensité croissante sur les penseurs et les réformateurs sociaux qui s'occupaient de la question. avec cela dans l'abstrait, mais la nécessité de

s'attaquer concrètement au problème de la surpopulation est devenue un sujet débattu publiquement par les hommes d'État et les hommes politiques. Il n'est plus question de savoir s'il est opportun d'empêcher la croissance d'une population pauvre, avec toutes les misères qui en découlent, résultant de la semi-famine, de la surpopulation, de la maladie et d'une constitution nationale affaiblie ; mais comment les pays souffrant de toutes ces causes de déclin national peuvent-ils éviter le désastre national en freinant la production d'enfants, dont la vie doit être trop souvent une misère pour eux-mêmes, un fardeau pour la société et un danger pour l'État.

Sa Seigneurie a souligné que l'opinion publique a tellement progressé que la nécessité abstraite d'une limitation prudentielle est désormais généralement admise. « Les hommes d'État, les critiques et les ecclésiastiques se joignent à un chœur commun d'exhortation contre les mariages imprévoyants avec la classe ouvrière et leur prêchent la nécessité de reporter la cérémonie jusqu'à ce qu'ils aient conservé les compétences nécessaires pour subvenir aux besoins d'une famille véritablement britannique de dix ou douze enfants. .» Il est cependant vain d'espérer que le célibat et la continence fourniront la solution de la question. Le monde protestant a rejeté l'idée d'un clergé célibataire, la considérant incompatible avec la pureté et la sécurité de la vertu féminine. Comment, alors, pouvons-nous espérer que des hommes et des femmes, « avec leur nature morale plus ou moins rabougrie, se blottissent les uns contre les autres dans des tanières où les conditions de vie dénudées excluent même les idées élémentaires de modestie, sans aucun des plaisirs de la vie hormis ceux dont on jouit dans la vie ? commun avec les animaux -… ces victimes d'un état social, dont les instruits sont responsables s'ils n'utilisent pas leur sagesse et leurs connaissances supérieures pour y remédier, pour exercer toute la maîtrise de soi dont l'ecclésiastique célibataire est censé être incapable » ?

Le juge a ensuite soutenu que, comme les maux de la surpopulation étaient presque universellement reconnus , le devoir de faire connaître au peuple la méthode pratique pour y échapper devait également être reconnu :

> Pourquoi le philosophe qui décrit la nature du mal dont nous souffrons, qui décèle les causes qui l'induisent et le caractère général des remèdes à appliquer, doit-il être considéré comme un sage et un bienfaiteur, mais comme son complément nécessaire dans l'évolution d'une grande idée, l'homme qui met en pratique les théories du penseur abstrait, pour être dénoncé comme criminel ? Ce n'est que lorsque Jenner s'est aventuré à agir sur la base de la théorie

qu'il avait fondée sur ses observations qu'il a été dénoncé et vilipendé dans un langage qu'il est aujourd'hui presque impossible de concevoir.

Mais toute l'histoire a montré que l'opinion publique progresse tandis que la loi reste stationnaire ; et les martyrs doivent souffrir jusqu'à ce que la loi soit mise en conformité avec la conscience publique :

> Un certain nombre de poursuites en vertu de la loi, un certain nombre de victimes de l'ignorance ou de la superstition de ceux qui l'ont conçue, un certain nombre de refus de condamner sous un sentiment croissant de son imprudence, de son injustice et de sa barbarie, semblent être les mêmes dans toutes les sociétés. les étapes franchies par les lois établies dans le but de contraindre les opinions de l'humanité avant qu'elles ne deviennent obsolètes, si elles sont édictées par un juge, ou, s'il s'agit de lois, sont abrogées comme incompatibles avec l'avancement des connaissances.

En ce qui concerne le pamphlet en cause, le juge a souligné qu'il ne lui avait pas été présenté comme une diffamation obscène en common law. La question, par conséquent, de savoir si le but préconisé dans le livre (*c'est-à-dire* la limitation des familles) était incompatible avec la morale de la société, n'était pas pertinente. Il leur suffisait de vérifier si les détails relatifs aux contrôles prudentiels, donnés dans cette brochure, étaient incompatibles avec la décence. Il a été admis que la plus grande partie de l'ouvrage, traitant de la nécessité *abstraite* de limiter la population, n'était pas obscène. La seule partie contre laquelle l'obscénité était alléguée était le chapitre dans lequel étaient exposés les *moyens* par lesquels la conception pouvait être empêchée et dans lequel les organes sexuels féminins étaient décrits dans la mesure nécessaire à cet effet.

La question s'est alors posée : Qu'est-ce que l'obscénité ? Après avoir cité la définition du mot qui avait été adoptée dans une affaire antérieure, le juge Windeyer a posé le principe selon lequel « ce sont les circonstances dans lesquelles un langage est publié ou des actes accomplis qui déterminent si un langage ou un comportement est obscène. Aucune fonction naturelle du corps n'est en soi obscène. Dans la constitution physique de l'homme, y compris tous ses instincts naturels, il n'y a rien de profane ou d'impur. Mais certaines actions naturelles, si elles étaient accomplies en public, constitueraient un grave outrage à la décence. De la même manière, un langage qui pourrait être permis et nécessaire s'il était utilisé dans certaines occasions, serait manifestement un outrage à la décence s'il était utilisé lorsque l'occasion ne le justifiait pas :

La question est donc, lorsqu'un langage est qualifié d'obscène, de savoir si l'occasion dans laquelle il a été utilisé justifie son utilisation de la manière dont on a eu recours. Cette vision du droit, je crois, est adoptée par l'auteur le plus éminent du droit pénal des temps modernes, le penseur le plus aiguisé, Sir James Stephen. Ce savant juge, dans son Digest of the Criminal Law, p. 105 présente ce qui suit comme étant la véritable vision du droit en ce qui concerne la publication de propos qui seraient obscènes s'ils n'étaient pas justifiés par les circonstances :

« Une personne (dit-il) est justifiée d'exposer des objets dégoûtants ou de publier des livres, des articles, des écrits, des images, des dessins ou d'autres représentations obscènes, si leur exposition ou publication est pour le bien public, comme étant nécessaire ou avantageuse pour la religion de la moralité, à l'administration de la justice, à la poursuite de la science, de la littérature ou de l'art, ou d'autres objets d'intérêt général ; mais la justification cesse si la publication est faite de telle manière, dans une telle mesure ou dans de telles circonstances, qu'elle va au-delà de ce que le bien public exige en ce qui concerne le sujet particulier publié.

Le juge Windeyer a déclaré qu'il acceptait ce point de vue comme étant la loi et que la question à examiner était de savoir si le chapitre détaillant les contrôles prudentiels rendait la publication obscène. Pour le déterminer, il fallait considérer l'ouvrage dans son ensemble, afin de déterminer si le langage reproché était justifié par l'occasion :

Comme on ne peut nier que la question proposée à la discussion est d'une importance énorme et qu'il est juste de préconiser dans l'abstrait l'opportunité de freiner l'avancée de la population, il me semble impossible de soutenir que le langage qui dit comment cela peut être fait est obscène si cela ne va pas plus loin que ce qui est nécessaire à cette fin. Après avoir lu attentivement le troisième chapitre du pamphlet, il me semble qu'il est écrit avec une sobriété de langage décente. Je ne vois rien dans son langage qu'un homme ou une femme sérieux, à la vie et aux mœurs pures, ne pourrait utiliser à l'égard d'une personne de son sexe, s'il lui expliquait ce qui était nécessaire pour comprendre les méthodes suggérées par les mariages. les gens pourraient empêcher que le nombre de leurs enfants augmente au-delà de leurs moyens de subvenir à leurs besoins. Rien ne permet de conclure qu'un langage quelconque est utilisé dans l'intention d'exciter des sentiments de débauche et de luxure ; et il suffit d'une légère connaissance du corps médical pour découvrir que les conseils donnés dans ce chapitre sont fréquemment donnés par eux aux femmes souffrant de procréations excessives et à celles pour qui l'accouchement est dangereux. Les informations fournies dans le troisième chapitre de la brochure, si elles sont données par un médecin à une patiente souffrant de surmaternité, ou si elles sont murmurées dans le cadre d'une confidentialité matrimoniale, ou communiquées dans l'intimité existant entre l'auteur et le lecteur de sa brochure, sont pas d'obscénité; bien que la proclamation publique de la même information sur une pancarte dans George Street ou Piccadilly, afin que tous ceux qui couraient puissent la lire, serait une obscénité de la plus grossière espèce, tant les circonstances d'une publication en modifient clairement le caractère. S'il est admis, tel quel, que les informations, physiologiques et autres, données au chapitre III. peut être trouvé dans des ouvrages médicaux coûteux, cela ne peut pas affecter le caractère de l'information pour obscénité, car elle est donnée sous une forme bon marché. L'information ne peut pas être pure, chaste et légale au Maroc pour une guinée, mais impure, obscène et condamnable dans un pamphlet papier à six pence. L'information, pour être utile d'un point de vue national comme sauvegarde contre les misères de la surpopulation et du surpeuplement, doit être donnée en bloc aux masses susceptibles de se reproduire de manière excessive. Le temps est révolu où le savoir pouvait rester le privilège exclusif d'une caste ou d'une classe. Le fait qu'un livre puisse susciter des pensées lascives s'il est utilisé à cette fin par des gens faibles d'esprit et des jeunes ne le rend pas obscène.

L'objection qui a été avancée, selon laquelle les moyens suggérés pour empêcher la conception pourraient être utilisés par les célibataires et les immoraux dans le but de leur permettre de s'adonner au vice en toute sécurité, n'est que l'application à ce sujet de l'illusion explosée selon laquelle la connaissance est une chose dangereuse... Le temps est sûrement révolu où l'on peut accepter l'argument selon lequel la connaissance de toute vérité, que ce soit en physique ou dans le domaine de la pensée, doit être étouffée parce que son abus pourrait être dangereux pour la société.

La tutelle de l'eunuque et la réclusion du harem n'étaient pas nécessaires pour forger le caractère national des femmes anglaises en vue de la chasteté ; et c'est une insulte envers eux de prétendre qu'il est nécessaire de les maintenir dans l'ignorance en matière sexuelle pour le maintenir. L'ignorance n'est pas plus mère de la chasteté que de la vraie religion.

Le juge Windeyer a ensuite examiné l'affirmation selon laquelle les restrictions prudentielles imposées aux familles constituent « une violation des lois naturelles et une atteinte aux fins de la nature » :

L'argument selon lequel la nature veut que chaque femme conçoive aussi souvent que possible aboutirait, s'il était poussé à sa conclusion logique, à la coutume indienne d'épouser chaque fille dès qu'elle atteint la puberté, afin qu'aucune opportunité de conception ne soit perdue. Dans tous les autres domaines de l'élevage, à l'exception du plus important, celui de l' élevage de la race humaine, le but de l'homme est de vaincre les effets des lois naturelles de la reproduction et de limiter le nombre et le type d'animaux produits à la quantité nécessaire à leur survie. l'usage de l'homme. Les forces de la nature, aveugles et impitoyables dans leurs effets, nous les contrôlons et les vainquons dans leur fonctionnement par tous les moyens que la science met à notre disposition. Pour protéger les églises et les hôpitaux de l'effet des lois de la nature, nous avons mis en place des conducteurs pour arrêter les effets inexorables de la foudre, qui détruiraient sans pitié ce que la piété et l'humanité protégeraient. Le cours de la nature est de tuer une femme noble, une épouse dévouée et une mère aimante, si son bassin est trop petit pour permettre l'accouchement d'un enfant à la tête anormalement grosse. La pratique de l'homme civilisé , aidée par la science, consiste, dans un tel cas d'accouchement, à détruire l'enfant et à sauver la mère. L'interférence avec le cours de la nature est directe, la pratique n'a rien de naturel ; mais l'opinion publique éclairée ne la condamne nullement. Mais si le bassin d'une femme est si inhabituellement petit qu'elle ne peut jamais accoucher qu'au péril de sa vie, où est l'immoralité chez le mari et la femme de recourir à des contrôles préventifs susceptibles de préserver une vie qui leur est chère ? et peut-être précieux pour le monde ? C'est à lui seul un préjugé irraisonné qui soulève l'objection selon laquelle une telle prévention de toute l'agonie physique qu'implique un accouchement douloureux et dangereux et une perte possible de vie est immorale et contre nature.

Le cas de la Reine *contre* Bradlaugh et Besant (mentionnés en détail dans le chapitre précédent) avaient été cités comme autorités à l'appui de l'affirmation selon laquelle *The Law of Population* était un livre obscène, dans la mesure où le pamphlet qui faisait l'objet de ces poursuites, et pour la publication dont les prévenus ont été reconnus coupables, a préconisé l'adoption de contrôles préventifs. Le juge Windeyer a cependant refusé d'accepter cette affaire comme un précédent contraignant :

> Comme je l'ai déjà souligné, l'affaire ne peut pas être considérée comme une autorité sur ce point, car la question était de savoir si le pamphlet était une diffamation obscène. La question de savoir si le verdict du jury était juste dans cette affaire n'est pas une question de droit, mais d'opinion. En lisant le résumé du Lord Chief Justice Cockburn avec une certaine connaissance des modes judiciaires de soumission des affaires pénales à un jury, il me semble que, bien qu'il n'exprime aucune opinion directe quant à son caractère, le savant juge en chef a estimé que le livre n'était pas une diffamation obscène, et guidait prudemment le jury vers cette conclusion. Par l'opinion d'un jury venant à examiner une question de sciences sociales aussi délicate qu'elle lui a été soumise, probablement sans aucune connaissance préalable de sujets de ce genre, je décline d'être lié de quelque manière que ce soit ; et je n'hésite pas à dire que, si j'avais été membre du jury, j'aurais suivi le raisonnement du Lord Chief Justice Cockburn et acquitté les accusés. Non seulement toute la teneur du résumé de Sa Seigneurie me paraît argumentativement en faveur des accusés, mais, de certains passages, il me semble qu'il faut clairement déduire qu'il n'a pas pensé aux détails physiologiques du livre. étaient obscènes et n'étaient pas d'avis que son enseignement favoriserait l'immoralité.

Le juge Windeyer a cité plusieurs passages du jugement de Sir Alexander Cockburn pour étayer son point de vue selon lequel le Lord Chief Justice ne considérait pas les contrôles préventifs recommandés comme immoraux. Comment, demanda-t-il, un homme raisonnable pourrait-il condamner comme immoral le souhait des personnes mariées de ne pas mettre au monde plus d'enfants qu'ils ne peuvent en nourrir, et l'adoption des moyens nécessaires pour réaliser ce souhait ?

Au lieu de pauvres, prenons le cas de parents phtisiques ou de parents dont l'un a développé des symptômes de folie. Qui pourrait supposer qu'un jury considérerait que tout moyen adopté par lui pour empêcher la procréation d'un certain nombre d'enfants malades et branlants, ou certains d'hériter d'un soupçon de folie, serait autre que naturel et juste, et que l'adoption de tout moyen que la science médicale pourrait proposer pour l'empêcher, non seulement non pas immoral mais louable au plus haut degré ? S'il n'est pas immoral de faire ce que préconise le pamphlet, il me semble impossible de prétendre que le simple fait de prôner une telle action constitue en soi une infraction pénale. La question est : d'où vient l'immoralité ? Les torts ne peuvent être considérés comme tels que dans leurs relations avec autrui ou dans leur rapport à eux-mêmes. Y a-t-il dans l'adoption de relations sexuelles préventives une atteinte aux droits d'autrui ? Certainement aucun. Le recours aux contrôles préventifs ne peut être considéré comme une erreur possible qu'à la lumière d'une erreur personnelle. Comment peut-on affirmer avec quelque raison que ce soit que le recours à des contrôles préventifs (adoptés peut-être à la volonté de ne pas mettre au monde des enfants qui ne peuvent même pas être nourris) peut être moralement préjudiciable à des personnes animées par le sens du devoir ? fondé sur le plus noble altruisme ? Le monde n'aurait guère besoin de lois pénales si la considération des droits d'autrui dictait la conduite de toute l'humanité. L'altruisme actif — trait distinctif de l'enseignement chrétien, inculqué dans le précepte « Faites aux autres ce que vous voudriez que les hommes vous fassent » - ne peut jamais, dans son application, réagir de manière préjudiciable à la nature morale de ceux qui cherchent à le mettre en vigueur avec à l'égard de toute conduite pouvant affecter le bonheur d'autrui. La profonde loi de l'éthique selon laquelle en essayant de faire du bien aux autres nous profitons inconsciemment à nous-mêmes, n'est pas moins vraie ici que dans toutes les autres phases de la conduite humaine. Chaque pensée entretenue, chaque effort fait pour le bien d'autrui doit élever le penseur et l'acteur. Qui dira que les parents vils et vicieux des enfants des caniveaux de l'Est de Londres, élevés au milieu de toutes les horreurs morales de la surpopulation, à moitié affamés et retardés de croissance, sans notions élémentaires de décence ou de moralité, qui dira que de tels parents n'auraient-ils pas été moralement supérieurs s'ils avaient pu voir le mal qu'ils commettaient en mettant au monde une telle progéniture et s'ils avaient pris des mesures pour l'empêcher ? Qui dira que l'avenir de la société ne serait pas infiniment meilleur si la reproduction de tels enfants était empêchée par la prudence conjugale des parents en recourant à des moyens qui empêcheraient leur procréation ? Il est vain de prêcher aux masses la nécessité du mariage différé et du célibat à l'apogée de la passion. Tenter d'étouffer le cri de la nature humaine poussé par la voix de son instinct le plus puissant, c'est en effet aller à l'encontre de la nature. Comme toutes les tentatives visant à réglementer la conduite en ignorant les faits de la nature humaine, cette tentative échouera. La prostitution, avec toutes ses horreurs, est le résultat d'un célibat contre nature forcé. Utiliser et non abuser, diriger et contrôler dans son fonctionnement toute faculté donnée par Dieu, tel est le véritable but de l'homme, le véritable objet de toute moralité.

En concluant ce jugement mémorable, le juge Windeyer a déclaré qu'il ne chercherait pas à se soustraire à la responsabilité de trancher l'affaire qui lui était soumise en se retranchant derrière les décisions d'autres juges dont les opinions non motivées n'avaient aucun poids face à des arguments non réfutés :

La crainte d'une censure mondiale sur ce sujet est si forte que peu ont le courage d'exprimer ouvertement leur point de vue à ce sujet ; et sa nature est telle que ce n'est qu'entre penseurs qui discutent de tous les sujets, ou entre connaissances intimes, que se découvre une communauté de pensée sur cette question. Mais que quiconque se tourne vers ceux qui ont suffisamment d'éducation et de capacité pour penser par eux-mêmes, et qui ne flottent pas les bras croisés, esclaves du courant de l'opinion conventionnelle, et il découvrira qu'un nombre d'hommes et de femmes aux vies les plus pures, aux aspirations les plus nobles, pieux, cultivés et raffinés, ne voient aucun mal moral à enseigner aux ignorants qu'il est mal de mettre au monde des enfants auxquels ils ne peuvent pas rendre justice, et qui pensent que c'est une folie de s'arrêter à leur dire simplement et clairement comment l'empêcher. . Une vision plus robuste de la morale enseigne qu'il est puéril d'ignorer les passions humaines et la physiologie humaine. Une perception plus claire de la vérité et la sécurité de s'y fier enseignent qu'en droit comme en religion, il est inutile d'essayer de limiter la connaissance de l'humanité par des tentatives inquisitoriales visant à placer sur un index judiciaire des œuvres expurgatorius écrites dans un but sérieux et *à* féliciter eux-mêmes aux penseurs aux esprits équilibrés. Je ne participerai pas à une telle tentative. Je ne crois pas qu'il ait jamais été entendu que la loi sur les publications obscènes devrait s'appliquer à des cas de ce genre, mais seulement à la publication de sujets que tous les hommes honnêtes considéreraient comme obscènes et sales, à des romans, des images et des expositions obscènes et paillardes. évidemment publié et donné pour le lucre. L'intention n'aurait jamais pu être d'étouffer l'expression de la pensée des esprits sérieux sur un sujet d'une importance nationale transcendante comme celui d'aujourd'hui ; et je ne le forcerai pas dans ce but. Comme l'a souligné le Lord Chief Justice Cockburn dans l'affaire Queen *c.* Bradlaugh et Besant, toutes les poursuites de ce genre devraient être considérées comme malveillantes, même par ceux qui désapprouvent les opinions que l'on cherche à étouffer, dans la mesure où elles ne font que diffuser plus largement l'enseignement contesté. Pour ceux qui souhaitent sa promulgation, il faut se féliciter que cette volonté, comme toutes les tentatives de persécution des penseurs, va à l'encontre de son propre objet, et que la vérité, comme une torche, « plus elle est secouée, plus elle brille ».

Comme il me semble que ce livre n'est ni obscène dans son langage, ni par son enseignement n'incite à l'obscénité, je suis d'avis que l'interdiction devrait disparaître.

Le juge Stephen a souscrit au jugement rendu et la déclaration de culpabilité de MW Collins a donc été annulée.

Nous pouvons à juste titre conclure ce chapitre en reproduisant du *Malthusien* une note dans laquelle l'auteur décrit brièvement le personnage du juge Windeyer :

«Au début de ma vie, j'ai rencontré M. Windeyer dans sa maison de Tomago , sur la rivière Hunter. Son père, alors mort, avait été un homme assez remarquable dans la colonie, comme un homme politique compétent, intrépide, populaire et noble ; et le jeune Windeyer semblait être le fils de son père : franc, ouvert, sans affectation et avec une belle attitude de gentleman. Depuis lors, sa carrière a pleinement tenu ses promesses initiales ; et, pour vous, en tant que fervent défenseur du nouveau malthusianisme, la force du soutien et de l'encouragement réside, je pense, dans une large mesure dans le fait que le juge Windeyer est non seulement un homme doté de grandes capacités juridiques, mais également d'une haute moralité.

CHAPITRE V.

Contrôles prudentiels.

Si la validité de la position malthusienne est admise, on ne peut logiquement échapper à la conclusion selon laquelle la connaissance des moyens innocents par lesquels les familles peuvent être limitées doit être transmise au peuple. Pourtant, avec une incohérence caractéristique, la promotion publique du malthusianisme dans l'abstrait est considérée avec approbation, tandis que l'application pratique du principe se heurte au cri du perroquet à « l'obscénité » et est menacée de sanctions pénales. Dans l' arrêt Windeyer , on notera que la procédure contre M. Collins était fondée non pas sur les parties de la brochure de Mme Besant dans lesquelles le sujet était discuté philosophiquement, mais sur les passages dans lesquels les contrôles préventifs étaient décrits. Un éminent homme d'État anglais, M. John Morley, a insisté dans un discours public sur « l'importance vitale » de la question démographique et, a-t-il ajouté, « j'aimerais que nous n'y esquivons pas autant ». Un ecclésiastique anglais populaire, le révérend HR Haweis , a déclaré dans un hebdomadaire populaire que le remède le plus important contre la pauvreté est de « contrôler la croissance de la famille, en fonction des moyens de subsistance de la famille ». Mais lorsque le réformateur social passe d'un précepte vague à une instruction directe, il se trouve confronté à une loi anormale qui le menace en tant qu'ennemi de la moralité publique.

L'élément tragique de cette incohérence par ailleurs ridicule réside dans le fait que la connaissance des contrôles prudentiels est refusée à la classe même qui en a le plus besoin. Ce sont les *pauvres* seuls qui souffrent le plus des effets de la surpopulation : ce sont eux qui ressentent réellement l'aiguillon du besoin lorsque le petit salaire est réparti sur un vaste territoire familial. Pour les plus aisés, il n'y a pas de mystère concernant les contrôles prudentiels. Le médecin de famille murmurera discrètement à l'oreille de la riche matrone dont le carquois est suffisamment rempli. Des ouvrages médicaux coûteux contenant des instructions complètes sont à la disposition de ceux qui ont les moyens de les acheter. Pourquoi les pauvres devraient-ils rester dans l'ignorance sur une question d'une importance suprême pour eux ?

En matière de contrôles prudentiels , la profession médicale en tant qu'organisme n'a apporté que peu ou pas d'aide. Ici, comme dans bien d'autres domaines, « les médecins diffèrent » ; et aucune mesure n'a encore été prise pour déterminer, par des recherches scientifiques, la meilleure méthode pour empêcher la conception. Les échecs que nous allons maintenant décrire sont de deux sortes : premièrement, ceux dans lesquels le succès dépend de la *maîtrise de soi* ; et, deuxièmement, ceux dans lesquels *des appareils mécaniques* sont utilisés.

JE.

La pratique du retrait immédiatement avant l'accomplissement de l'acte de coït est très répandue en France. Cette méthode, la plus ancienne des méthodes connues, est mentionnée dans la Bible (<u>Genèse xxxviii. 8-9</u>). L'efficacité du contrôle dépend bien entendu entièrement de la maîtrise de soi du mari, et un échec est donc toujours possible. Il convient de mentionner que ce projet a parfois été contesté en invoquant des atteintes présumées à la santé ; mais aucune preuve n'a été présentée à l'appui de l'objection. D'autre part, le Dr CR Drysdale a constaté par enquête personnelle que 100 membres du corps médical à Paris « n'ont eu que 174 enfants au cours de leur vie conjugale, soit deux en moyenne. santé des parents par le recours au contrôle physique de Genèse xxxviii. a été discuté lors de la réunion du Congrès médical international à Amsterdam en 1879 ; et deux médecins de grande distinction : MM. Lutaud et Leblanc affirmaient distinctement que ces pratiques de prudence physique familiale en France ne produisaient en aucune manière une mauvaise santé pour l'un ou l'autre des conjoints. Et comme les médecins de Paris s'en servaient universellement pour limiter leurs propres familles, il était très peu probable que les dommages à la santé dont nous avons parlé n'auraient pas été constatés et clairement décrits depuis longtemps s'ils existaient dans la nature. .»

L'abstinence de rapports sexuels pendant une certaine période est considérée comme une méthode efficace pour éviter la conception. Ceci repose cependant sur l'hypothèse selon laquelle une femme est plus susceptible de concevoir immédiatement avant ou après la « menstruation » (le flux mensuel). Si les connexions n'ont pas lieu cinq jours avant ou huit jours après les règles, la probabilité de grossesse est censée diminuer.

II.

Parmi les divers *appareils* conçus pour empêcher la conception, le plus simple et le plus efficace est la « gaine » (communément connue sous le nom de « Lettre française »). Il s'agit d'une enveloppe de peau ou de caoutchouc très fin, utilisée par le mari. Il recouvre entièrement l'organe mâle et, étant fermé à son extrémité, empêche le sperme de s'écouler dans le vagin. Il est évident que si la gaine reste intacte, la conception est impossible. Le seul danger contre lequel il faut se prémunir est la rupture ou la perforation de la gaine, qui doit dans tous les cas être soigneusement examinée avant utilisation. Le matériau peut être testé en l'étirant doucement sur l'intérieur du pouce, lorsque la plus petite fracture peut être détectée. *Si des gaines de bonne qualité (pas nécessairement coûteuses) sont utilisées et que des précautions raisonnables sont prises pour éviter toute rupture accidentelle, cette vérification est* CERTAIN .

La seringue à lavement est un instrument fréquemment utilisé à des fins préventives. Une solution (composée d'une cuillère à café d'alun dissoute dans un litre d'eau froide ou tiède) est injectée par la femelle immédiatement après le branchement. La seringue verticale et inversée est plus susceptible d'agir efficacement qu'un lavement ordinaire.

Une méthode très simple et peu coûteuse consiste à utiliser un petit morceau d'éponge fine, trempé dans de l'eau tiède et placé de manière à couvrir l'embouchure de l'utérus. Les risques d'échec sont diminués en saturant l'éponge avec une solution de quinine.

Des pessaires de diverses sortes sont parfois utilisés pour empêcher la conception. Le pessaire simple (dont il existe plusieurs modifications) est un petit appareil en forme de dôme, fait de caoutchouc fin et construit pour s'ajuster étroitement autour du col de l'utérus. S'il est soigneusement ajusté et maintenu en position, le pessaire peut être fiable.

Ces dernières années, une nouvelle forme de pessaire a été introduite et on dit qu'elle a été utilisée avec un succès marqué. Il s'agit d'un petit cône de beurre de cacao chargé de quinine. Le pessaire est inséré quelques minutes avant la connexion ; la quinine, libérée par la dissolution du corps gras, détruit la vitalité du liquide séminal.

LA LIGUE MALTHUSIENNE.

(Fondée en 1877.)

Président :

CR DRYSDALE, MD, MRCP Londres , FRCS Eng.

Vice-présidents :

Monsieur ALDECOA , directeur des œuvres caritatives gouvernementales, Madrid.

M. G. ANDERSON , CE

M. YVES GUYOT , député , rue de Seine, Paris.

M. GERRITSEN , Amsterdam, Hollande.

MS VAN HOUTEN , député , La Haye.

M. P. MURUGESA MUDALIAR , Madras.

M. T. PARRIS .

Dr STILLE , Hanovre.

Dr GIOVANNI TARI , Naples.

Dr ALICE VICKEBY .

L'hon. Secrétaire :

M. WH REYNOLDS , New Cross, Londres, SE

RÈGLES.

I.— NOM.

Que cette Société soit appelée « La Ligue Malthusienne ».

II.— OBJETS.

Que les objets de cette Société soient :

1. Faire campagne pour l'abolition de toutes les sanctions concernant le débat public sur la question de population et pour obtenir une définition légale telle qu'elle rendra impossible, à l'avenir, d'amener de tels débats dans le champ d'application de la common law en tant que délit. .

2. Répandre parmi le peuple, par tous les moyens possibles, la connaissance de la loi de la population, de ses conséquences et de son influence sur la conduite et la morale humaines.

III.— PRINCIPES.

1. « Cette population a une tendance constante à augmenter au-delà des moyens de subsistance. »

2. Que les contrôles qui contrecarrent cette tendance peuvent être résolus en positifs ou destructeurs de vie, et prudentiels ou restreignant les naissances.

3. Que les chèques positifs ou destructeurs de vies comprennent la mort prématurée d'enfants et d'adultes par la maladie, la famine, la guerre et l'infanticide.

4. Que le contrôle prudentiel ou restrictif des naissances consiste à limiter la descendance par l'abstention du mariage, ou par la prudence après le mariage.

5. Cette abstention prolongée du mariage – comme le préconise Malthus – est productrice de nombreuses maladies et de nombreux vices sexuels ; au contraire, le mariage précoce tend à assurer la pureté sexuelle, le confort domestique, le bonheur social et la santé individuelle ; mais c'est une grave offense sociale pour les hommes et les femmes que de mettre au monde plus d'enfants qu'ils ne peuvent convenablement loger, nourrir, vêtir et éduquer.

6. La surpopulation est la source la plus féconde du paupérisme, de l'ignorance, de la criminalité et de la maladie.

7. Que le débat approfondi et ouvert sur la question démographique est une question d'une importance vitale pour la société, et qu'un tel débat ne devrait absolument pas être entravé par la crainte de sanctions légales.

IV.— EXÉCUTIF.

1. Que les officiers de la Ligue soient composés d'un président, de vice-présidents, d'un conseil, d'un trésorier, de secrétaires, d'un procureur et de vérificateurs.

2. Que le gouvernement de la Ligue soit confié à un conseil, composé d'un président, de vice-présidents et d'un secrétaire (en vertu de leurs fonctions respectives), de vingt membres qui seront élus annuellement lors d'une assemblée générale, et d'un représentant dûment nommé de chaque branche de la Ligue qui pourra être formée par la suite.

3. Que le conseil ait le pouvoir de nommer un trésorier et des secrétaires parmi ses propres membres ; élire un président, des vice-présidents et un procureur, sous réserve de l'approbation de la prochaine assemblée générale ; pourvoir aux vacances dans ses propres rangs, et faire les règlements nécessaires à l'exécution de ces lois et à la direction générale de la Ligue.

4. Que tous les candidats à l'élection des officiers soient nommés un mois avant l'assemblée générale annuelle, et que cette nomination soit annoncée publiquement, la forme et la manière étant déterminées par le conseil.
V.— ADHÉSION.
Que les conditions d'adhésion soient une cotisation annuelle d'un shilling, ce qui sera considéré comme impliquant l'adhésion aux règles de la Ligue ; ou un abonnement annuel de deux shillings, qui donnera droit au souscripteur de recevoir le *Malthusian* . Pour constituer une adhésion à vie, un seul versement d'une guinée.
VI.— ASSEMBLÉES GÉNÉRALES.
1. Qu'une assemblée générale soit tenue une fois par année, à l'endroit et à l'heure que déterminera le conseil, au cours de laquelle la présentation du rapport et du bilan et l'élection des officiers auront préséance sur toute autre affaire.
2. Que, sur réception d'une réquisition signée par au moins vingt-cinq membres, une assemblée générale extraordinaire soit, dans le mois, convoquée par le conseil. Aucune autre question que celle mentionnée dans l'avis de convocation ne sera prise en considération.
3. Que le vote à toutes les réunions se fasse à main levée, sauf lorsqu'un scrutin est demandé, où le vote se fera par scrutin.
VII.— EXPULSION.
Que le conseil ait le pouvoir d'expulser tout membre, mais que le membre ainsi expulsé aura un droit d'appel à l'assemblée générale annuelle, ou à une assemblée générale extraordinaire convoquée à cette fin.
VIII.— MODIFICATION DES RÈGLES.

Qu'aucune modification ne soit apportée à ces règles, sauf lors d'une assemblée générale annuelle, par le vote des deux tiers des personnes présentes, un préavis de deux mois de la modification proposée ayant été donné au conseil.

SURPOPULATION; une conférence prononcée pour la Sunday Lecture Society, sous le titre « La loi de la population : son sens et sa menace ». Par JOHN M. ROBERTSON . Poste gratuit, 2½j.

PLAIN HOME-TALK, par EDWARD B. FOOTE , MD (ÉTATS-UNIS), embrassant le bon sens médical. 909 pages, avec 200 illustrations.

> CONTENU : La cause, la prévention et la guérison des maladies – La nourriture que nous mangeons – Les liquides que nous buvons – L'atmosphère dans laquelle nous vivons – Les vêtements que nous portons – Les mauvaises habitudes des enfants et des jeunes – Les mauvaises habitudes de la virilité et de la féminité – La famine sexuelle —Comment avoir des bébés en bonne santé—Paroles privées adressées aux hommes—Impuissance—Histoire du mariage, etc.

> Le livre est écrit avec soin et réflexion dans un langage simple, facile à comprendre et dans le but de faire de ses lecteurs de meilleurs parents et de meilleurs citoyens grâce à la connaissance acquise sur eux-mêmes et sur leur devoir envers les autres. Aucun parent ne devrait se passer de ce livre. Utile pour référence quotidienne. Poste gratuit, six shillings.

DR. MANUEL DE SANTÉ DE FOOTE, comprenant des informations de la plus haute importance pour tous ceux qui souhaitent profiter de la vie. 128 pages, publication gratuite, 1/1.

LA VIE ET LES ÉCRITS DE TR MALTHUS. Par CR DRYSDALE , MD 120 pages, avec portrait de Malthus. Doit être lu par tout étudiant des problèmes sociaux. Postez gratuitement, 8j.

LA QUESTION POPULAIRE. Par le Dr CR DRYSDALE . Un exposé minutieux et complet de la position néo-malthusienne. 100 pp., emballage épais ; poster gratuitement 8j.

La surcroissance de la population et son remède. Une adresse aux hommes seulement, prononcée à Lambeth Baths le mardi 15 janvier 1889, par WILLIAM LANT CARPENTER , BA, B.Sc. Postez gratuitement, 2j.

MARIAGE PRÉCOCE ET PARENTATION TARDIVE. La seule solution au problème social. Par OXONIENSIS . Poste gratuit, 2½j.

LA CAUSE DE LA PAUVRETÉ. Un article lu au National Liberal Club, par le Dr CR Drysdale . Postez gratuitement en 2D.

LA PAUVRETÉ : sa cause et son remède. Par MGH Post gratuit, 2j.

- 51 -